中外文稀有版本文献

《工资、价格和利润》

⑥

价值价格与利润

【德】卡尔·马克思 ◎ 著
王学文 何锡麟 王石巍 ◎ 译

中央编译出版社
Central Compilation & Translation Press

《工资、价格和利润》的出版与传播

（代序）

一 国外主要版本和传播情况

《工资、价格和利润》最初是马克思于1865年6月20日和27日在国际工人协会中央委员会会议上用英语作的报告。目前保存下来的报告稿是马克思的手稿，没有标题，开头写有："1865年6月20日星期二向中央委员会宣读"，全文由作者分为十四节。1898年，报告由马克思的女儿爱琳娜·马克思-艾威林以《工资、价格和利润》为标题在伦敦发表，并附有爱琳娜的丈夫爱德华·艾威林写的序言。在序言中，他将这部著作称为《资本论》第1卷的浓缩版，并且当时该文的德文版翻译已经完成。其中，引言和前六节在手稿中没有标题，出版时所用的标题是由爱琳娜加上的。

自1859年马克思的第一部经济学研究著作《政治经济学批判》发表以来，马克思虽然潜心进行经济学研究多年，写下了大量的经济学研究手稿，其中包括《1857—1858年经济学手稿》《1863—1864年经济学手稿》等大量内容丰富的经济学研究成果，并且持续进行《资本论》的创作，但是在1859年之后，马克思并没有公开发表其经济学研究成果。而且即使在演讲之后，为了避免与即将出版的《资本论》重复，虽然有人建议马克思发表演讲稿，但在马克思有生之年并没有发表这篇讲稿。所以，1865年的演讲，马克思公开地、简明地宣讲自己的经济学研究成果，是公众得以一窥马克思经济学思想的一个难得机会。《工资、价格和利润》的首次发表是在马克思去世之后，也是在《资本论》第1卷出版之后，但是这篇报告的发表，一方面让读者，特别是普通百姓通过通俗易懂的形式了解马克思的经济学思想，具有大众传播的意义；另一方面，这篇演讲稿是马克思经济学研究进程中的一个过程，还没有达到《资本论》的成熟程度，马克思的经济学思想还在进步中，所以这篇演讲稿也是理解马克思经济学思想形成史的一个活的里程碑，通过对比研究，可以发现马克思经济学思想的进展路径，具有重要的学术意义。此后，《工资、价格和利润》德文版、法文版、俄文版等相继问世，极大地推动了该著作在世界各地的出版和传播。

二　国内主要版本及其传播情况

《工资、价格和利润》这部著作是马克思于1865年6月直接针对国际会员韦斯顿的错误观点在国际工人协会总委员会会议上用英文作的报告，是马克思的重要政治经济学著作之一。马克思在这部著作里扼要而通俗地叙述了他的经济学说的原理，揭示了剩余价值的实质。马克思的这部著作很早就传入中国，出现多个译本，反复再版。

（一）单行本译本

1. 1922年上海商务印书馆出版了由李季译、陶孟和校的该著作的中译本，书名为《价值、价格和利润》，是这部著作第一次在中国发行单行本全译本，为当时先进的中国人学习和研究马克思主义政治经济学提供了最早的资料。

2. 1929年上海泰东书局出版了朱应祺、朱应会的中译本，书名为《工资价格及利润》，定价五角。该书采用竖版繁体字印刷。在书前的“译者小引”中，译者写道：“本书是马克斯一八六五年六月二十六日在国际劳动总务委员会席上的一篇演说文章。当时马氏不过五十岁，距今约六十余年，两年后，即一八六七年《资本论》第 1 卷也已出版，所以他的经济学体系那时已就成熟了。这书原稿是英文的，是马克斯死后所发现的遗稿，不是他生前出版的。编订分节都是马克斯的幼女伊利诺（Elernor Marx Aveling）及他的女婿爱底瓦得（Edward Aveling）两人的功夫。英文原本标题为《价值价格及利润》（*Value Price and Profit*）。德文本子是本斯泰因（Bernstein）所翻译的，标题为 *Lohn Preis und Profit*，本丛书现依德国译本翻译，因此，就题为《工资价格及利润》。说到本书的内容，总可算是马克斯经济学的骨子，又可说是《资本论》的缩略。页数虽少，而《资本论》上的重要问题大概都已涉及。尤其《资本论》第 1 卷与第 3 卷的主要部分，更简明地叙述出来。又剩余价值学说史上所讨论的许多问题也于本书的第八章及第十一章中，明白解释。所以研究马克斯经济学的人不可不读《资本论》，而研究《资本论》的人不可不先把这本小册子反复熟读，所以我们把它译出，作为马克斯研究丛书的第四种。”① 这里提到的《马克斯研究丛书》指 20 世纪 30 年代泰东书局出版的一套马克思研究学术的著作，其中包括《马克斯的经济概念》《马克斯的民族、社会及国家概念》《马克思的伦理概念》《马克斯的工资劳动与资本》和《马克斯的国家发展过程》等书，较早地向中国介绍和传播了马克思的著作和思想。

朱应祺翻译的《工资价格及利润》于 1949 年由世界文化出版社再版。

3. 王学文、何锡麟译本，系根据英文本译出，书名为《价值、价格和利润》，全书 44000 字。该译本最早收于 1939 年出版的《政治经济学论丛》一书中，单行本最早于 1946 年由生活书店出版，新中国成立后的第一版 1950 年 2 月由三联书店（上海）出版，1953 年 12 月由人民出版社仍以三联书店名义出版（平装，0. 22 元）。该版本多次再版重印，各版之间有细微差别。

---

① 马克斯：《工资价格及利润》，朱应祺、朱应会译，上海：上海泰东图书局出版 1929 年版，第 1 页。

4. 中央编译局翻译的单行本。由中央编译局翻译、人民出版社出版的单行本《工资、价格和利润》是按照《马克思恩格斯全集》中文版第16卷中所载译文排印的，后有注释20条（一版4次后改为19条），全书共四万三千字。本书初版于1964年4月，第1—3次印刷（平装，0.19元）时均未署译者名。1965年1月另出精装本（0.68元）。1971年11月第一版第4次印刷时开始署名，至1975年10月为第一版第7次印刷（平装，0.17元）。另外，本书于1964年6月及1971年12月曾两次出版过16开大字本。

（二）被收录著作集

1.《马克思恩格斯全集》第一版第16卷第111页至169页，收录了《工资、价格和利润》。该版《工资、价格和利润》从俄文翻译过来，题页注明“原文是英文，俄文是按手稿译的”。主要是根据《马克思恩格斯全集》俄文版第二版第16卷（1960年出版）翻译和校订的，并参考了《马克思恩格斯文选》（两卷集）中文版的有关译文。在这一篇的题注中标明：“这部著作是卡·马克思于1865年6月20日在总委员会会议上用英语作的报告。这篇报告是由委员会委员约翰·韦斯顿5月2日和23日的发言引起的；韦斯顿在发言中企图证明，货币工资水平的普遍提高对工人没有好处，并由此做出工会‘有害’的结论。保存下来的报告稿是马克思的手稿。报告由马克思的女儿爱琳娜以‘价值、价格和利润’（*Value*，*Price and Profit*）为题于1898年首次在伦敦发表，并附有E.艾威林写的序。手稿中引言和前6节没有标题，由艾威林加上了标题。在收入本卷时，除了总标题以外，这些小标题都保留下来了。”①

2.《马克思恩格斯全集》第二版第21卷第155页至212页收录了《工资、价格和利润》。这一中文版本根据《马克思恩格斯全集》1992

① 《马克思恩格斯全集》第16卷，北京：人民出版社1964年版，第733页。

年历史考证版第一部分第20卷进行翻译，原文是英文，于1898年以小册子形式在伦敦出版。在题注中标明：“这是马克思于1865年6月20和27日在国际工人协会中央委员会会议上用英文作的报告。中央委员会委员约·韦斯顿在5月2和23日的发言中企图证明，货币工资水平的普遍提高对工人没有好处，并由此做出工会‘有害’的结论。马克思遂于1865年5月20日—6月24日写成这篇报告，报告中不仅揭穿了商品价格取决于工资水平这一虚假理论，而且阐明了马克思主义政治经济学的许多关键问题。保存下来的报告稿是马克思的手稿，没有标题，开头写着：‘1865年6月20日星期二向总委员会宣读’。全文由作者用阿拉伯数字分为十四节。这篇报告在马克思生前没有出版过。因为他担心发表这篇报告，会过早地挪用他当时正在紧张写作的《资本论》中的一些重要原理。1898年，报告由马克思的女儿爱琳娜以《价值、价格和利润》为题首次在伦敦发表，并附有爱·艾威林写的序。引言和前六节在手稿中是没有标题的，由艾威林加上了标题。在本卷中，除了总标题以外，这些小标题都保留下来了。这篇报告的德译文发表在1898年《新时代》第6年第2册，由伯恩斯坦翻译的德译文用的标题是《工资、价格和利润》。”①

3.《马克思恩格斯文集》第3卷第25页至78页收录了《工资、价格和利润》，这个版本是根据《马克思恩格斯全集》历史考证版第一部分第20卷并参考《马克思恩格斯全集》德文版第16卷翻译，原文于1898年以小册子的形式在伦敦出版。这一版本的题注内容更加丰富：“《工资、价格和利润》是马克思的一部重要的政治经济学论著。马克思在这部著作中扼要而通俗地阐述了《资本论》中一些重要原理，说明了剩余价值的形成过程和工资的实质，揭示了资本家对工人进行剥削的秘密。他指出，资本家的本质是追求最大限度的利润，工人阶级必须不断为提高工资和缩短工作日而斗争，才能对资本家的贪欲有所抑制，

① 《马克思恩格斯全集》第21卷，北京：人民出版社2003年版，第634页。

才能防止自己的地位不断恶化。在深刻论证工人阶级开展经济斗争的必要性和重要性的同时，马克思也指出了经济斗争的局限性，强调要把经济斗争和政治斗争结合起来。他指出，单纯的经济斗争反对的只是结果，而不是产生这种结果的原因，工人'应当摒弃做一天公平的工作，得一天公平的工资！这种保守的格言，要在自己的旗帜上写上革命的口号：消灭雇佣劳动制度！'。本文是马克思于1865年6月20日和27日在国际工人协会中央委员会会议上用英语作的报告。中央委员会约·韦斯顿在5月2日和23日的发言中企图证明，货币工资水平的普遍提高对工人没有好处。马克思于1865年5月20日—6月24日写成这篇报告稿，批驳了这个错误观点。目前保存下来的报告稿是马克思的手稿，没有标题，开头写有：'1865年6月20日星期二向中央委员会宣读。'全文由作者分为十四节。1898年，报告由马克思的女儿爱·马克思-艾威林以《价值、价格和利润》为标题在伦敦发表，并附有爱·艾威林写的序言。引言和前六节在手稿中没有标题，由艾威林加上了标题。本卷除总标题以外，保留了这些小标题。这篇报告的德译文发表在1897—1898年《新时代》第16年卷第2册，译者是爱·伯恩斯坦，采用的标题是《工资、价格和利润》。1922年上海商务印书馆出版了由李季译、陶孟和校的该著作的中译本，书名为《价值价格和利润》；1929年上海泰东书局出版了朱应祺、朱应会的中译本，书名为《工资、价格和利润》；1939年延安解放社出版的王学文、何锡麟、王石巍翻译的《政治经济学论丛》收有这篇著作的中译文。"①

（本文来自2017年中央编译出版社出版的史清竹所著《马克思〈工资、价格和利润〉研究读本》有关内容。）

① 《马克思恩格斯文集》第3卷，北京：人民出版社2009年版，第629页。

價值價格與利潤

馬克思 著
王學文 何錫麟 王石巍 譯

新中國書局 發行

馬列文庫之三

價值價格與利潤

馬克思 着
王學文 何錫麟 王石巍 譯

價值價格與利潤

著者 馬克思

譯者 王學文 何錫麟 王石巍

出版者 生活書店

發行者 新中國書局
（東北區即光華書店）

北平 天津 徐州 開封
瀋陽 大連 安東 濟南
石家莊 哈爾濱

六月東北初版一千册（大連）
七月東北再版五千册（大連）

p.46——1438

次　　目

目次

價值、價格與利潤

引 言

公民諸君，在我入主題之先，請允許我說幾句預先的聲明。

歐洲大陸現在流行着一種同盟罷工底眞正流行病和一種增加工資的普遍的呼聲。這個問題將要在我們的大會中提出。你們是國際聯合會底首領，對於這個極重要的問題應當有確定的意見。講到我個人，我以爲就是冒着會使你們很不耐煩的危險，而深入這個問題，仍是我的義務。

還有我須預先聲明的話，是關於威斯頓先生的。威氏知道好些意見是極不爲工人階級所喜歡的，而他不獨已經向你們提出，並且已經公然擁護它們，以爲這是有益於工人階級的。這樣道德上的勇氣之表現我們大家必須深致敬意。我這篇文字雖然詞句笨拙，然我希望威氏於本篇終結時 將發見我對於他的論綱骨子裏所含在我認爲正確的觀念，表示同意，但就他的論綱現在的形式講，我不能不認爲在理論上是虛僞而在實行上是危險的。

我現在就進行當面的事。

* 這篇作品是馬克思在一八六五年六月二十日和二十七日第一國際總評議會（General Council）的兩次會議中所作的一篇演說。玆將引起他作這篇報告的情形簡述如下：

在一八六五年四月四日的總評議會會議上，威斯頓（John Weston，總評議會中的一個評議員，同時是一個英國工人的代表）提議要總評議會討論下列問題：

『一、工人階級社會的和物質的前途，能否因工資增加得到一般的改善？』

『二、職工會努力爭取工資增加，是否對其他產業部門發生有害的影響？』

威斯頓宣稱他要對第一問題作否定的回答，對第二問題作肯定的回答。

威斯頓底報告是在評議會五月二日和二十日的會議上報告和討論的。馬克思在一八六五年五月二十日致恩格斯的一封信中，像下面這樣又談到這回事：

『今天晚上，』馬克思信裏寫，『國際開一次特別會議。一位很好的老朋友，一個老歐文主義者（Owenite）威斯頓——一個木匠——提出了兩個提案，現正不斷地在Beeline報紙上辯護：（一）他提議說，工資率普遍地提高不能給與工人以任何好處；（二）他提議說，因此……職工會是有害的。如果這兩個在我們團體中只有他一個人相信的提案被通過了，那末，在這兒的職工會問題上，在現正盛行於歐洲大陸的罷工傳染病問題上，我們便都要陷於無以自解的境地……。當然，大家希望我作一篇答辯。所以我應該

引 言

認眞準備好今晚的答覆才對；但我以爲繼續寫我底「資本論」更要緊些，因此只有依靠臨時答辯了。

『當然，我預先已經知道他底兩個主要論點乃是：（一）勞動的工資決定商品的價值，（二）如果資本家今天不付四先令而付五先令，明天他們就要把他們底商品賣五先令不賣四先令（因需要增加了，所以能那樣做）。

『這種見解雖愚，因爲它只看到最膚淺的表面，但要想向那些絲毫不瞭解這些問題的人去解釋與這些問題有關的一切，依然不是一件容易事。你不能把一部政治經濟學壓縮在一點鐘內講完的。但我們將要盡最大的力量去做』。

在五月二十日的會議上，威斯頓底觀點被馬克思批評得體無完膚，同時，一個英國職工會出席總評議會的代表惠萊爾（Wheeler），也發言反對威斯頓。馬克思並沒有自限於『臨時答辯』，而進行作了一篇反對報告。中央評議會（Central Council）會議中，有人提議把馬克思和威斯頓的報告都付印發表。關於這一層，馬克思在六月二十四日致恩格斯的信中像這樣寫道：

『對於威斯頓所提關於工資普遍增加的影響等等那個問題，我已經在中央評議會上宣讀了一種文件，要印出來，篇幅也許要佔兩張印書紙。第一部分是回答威斯頓底瞎說的；第二部分是一種理論的解釋，在與當時情況適宜的原則下儘量解釋了。

『現在大家想拿這篇東西付印』。

但馬克思和恩格斯都沒有拿這作品付印發行。它是在恩格斯死後從馬克思底文件中找到，由馬克思底女兒伊琳諾・愛弗林（Eleanor Aveling）予以出版的。

——編輯部註

一 生產與工資

威斯頓（Weston）氏的論據，在實際上是基於兩個前提的：第一、國民生產額是一種固定的東西，像數學家所說的，是一種不變的量或數；第二、實際工資額——這就是說，以工資所能夠購買商品底分量來測定的工資額——是一種固定的額，是一種不變的數。

威氏第一種論斷，顯然是錯誤的。年年歲歲，你們將可以看出生產底價值和分量增加，國民勞動的生產力增加，而用以流通這種增加着的生產所必須之貨幣額繼續變化不止。在一年底年終是如此，逐年彼此相較是如此，一年中平均的每一天也是如此。國民生產底數量是繼續變化的。它不是一種不變的數，而是一種可變的數；就是不計人口底變動，它必定還是如此的，因為資本的積蓄和勞動底生產力是繼續變化不止的。如果一般的工資率今天增加起來了，不論這種增加將來的結果如何，但它自身不即刻使生產額發生變化，這完全是眞實的。它第一步要從現狀向前演進。但是在工資增加之前，如果國民生產是可變的不是固定的，那末，在工資增加之後，這種生產也將繼續是可變的不是固定的。

現在假定國民生產額是不變的，不是可變的。就是在這種情形之中，我們的朋友威斯頓所認爲邏輯上的結論的東西，仍是一種臆斷。如果我有一定數，假定爲八，這個數目絕對的限度並不阻止它的各部分相對的限度之變化。如果利潤爲六，工資爲二，工資可以增加至六，利潤可以減少至二，而全額仍然是八。照這樣看起來，固定的生產額決不能證明工資額也是固定的。我們的朋友威斯頓怎樣證明這種固定性呢？不過强斷而已。

即令承認他的論斷，但是這種論斷對於兩方面都可適用而他只向一方面推論。如果工資底額是一種不變的數，那末，它就不能增加，也就不能減少。如果工人强使工資暫時地增加的行爲是愚蠢的，那末，資本家强使工資暫時地低落的行爲也是一樣愚蠢的。我們的朋友威斯頓並不否認工人在某種狀況下能夠强使工資增加的事實，但是工資額既然是固定的，跟着必定發生一種反動。在他方面，威氏又知道資本家能够强使工資低落，並且事實上在繼續强制地這樣做。依照工資不變的原則，在這種情形之下，應當和前面的情形一樣發生一種反動。所以工人對於減少工資的企圖或行爲予以抵抗是一種正當的行爲；所以他們力促工資的增加，也是一種正當的行爲，因爲每種抵抗工資下降的反動，就是一種增加工資的行動，所以就是依照威氏自己的工資不變底原則，工人在某種狀況之下，也應當聯合，爲增加工資而鬬爭。

如果他否認這種結論，他就必須放棄這種結論所自出的前提。他不應該說工資額是一種不變的量，他應該說工資額雖不能够增加，並且必不可增加，但每當資本家願意減少工資額時，這種工資額便能够下降，並且必定下降。如果資本家願意以番薯而不以肉類、以燕麥而不以小麥來養你們，你們必須承認他的意志是一種政治經濟學的法則，並且必須服從它。如果一國的工資率高於別一國，例如美國高於英國，你們必須以美國資本家和英國資本家的意志不同去解釋這種工資率的不同，這種方法確實不獨使經濟現象的硏究很簡便，並且使其他一切現象的硏究很簡便。

但是即令在這種情形之下，我們還可以問美國資本家底意志爲什麽不同於英國資本家底意志呢？你們答覆這種問題時，必定要超出意志的範圍以外。或者有人說上帝願意法國是這樣，願意英國是那樣。如果我叫他來解釋這種意志二元性的時候，他或將厚顏答道，上帝願意在法國有一種意志，在英國另有一種意志。但是我們的朋友。威斯頓確實不能作這樣完全否定一切推理的論斷人。

資本家的意志確實在於盡他的能力多取。我們所要做的事不是談論他的意志，而是考察他的力量，他那種力量底限度和那些限度底性質。

二 生產、工資與利潤

威斯頓氏向我們宣讀的演說詞可以縮短起來。

他的一切推理總括如下：如果工人階級强迫資本階級以貨幣工資形式付出的是五先令不是四先令，資本家就以商品形式回報以值四先令的東西不是值五先令的東西。在工資增加之前，工人階級費四先令所買的東西，現在一定要支付五先令。爲什麼有這種情形呢？資本家爲什麼只以四先令的東西回報五先令呢？因爲工資額是固定的。但是工資額爲什麼定爲值四先令的商品呢？宅爲什麼不定爲三先令、二先令或其他數目呢？如果工資額底限度是由一種經濟的法則決定的，和資本家及工人底意志都無關係，那末，威斯頓氏所當做的第一件事是要陳述這種法則，並且證明宅，其次。威氏還應當證明，在每個一定的時期中。實際支付的工資額是完全和那種必然的工資額相符而不差離的。反之，如果工資額之一定的限度是靠着資本家單•

單的意志或他的貪慾限度，那末，這就是一種任意的限度。這種限度並沒有什麼必然。這種限度既是可以順着資本家的意志變更的，所以也是可以逆着他的意志變更的。

威斯頓氏要解釋他的學說，便告訴你們說，一個碗盛着一定量的湯汁，由若干人分食時，調羹底寬度增加，並不能產出湯汁量的增加。我覺得這個例證太爲愚拙了。這個例證使我有點想起亞格利泊（Agrippa）所用的一個比喻。當羅馬的平民起而反抗羅馬的貴族之際，這位貴族亞格利泊告訴他們，說貴族這個肚子是養活政治體內平民這個四肢的。亞格利泊却不能表明用食物塡滿一個人的肚子可以養活別個人的四肢。至於威斯頓氏方面，他已經忘記工人從其中吃飯的碗是充滿了國民勞動底全部生產物，而妨礙他們從碗中取出較多食物的，既不在乎碗底狹小，又不在乎內容底缺乏，只是因他們的調羹太小了。

用什麼方法資本家能以值四先令的東西償付五個先令呢？由於抬高他所出售的商品之價格。現在，商品價格底提高，和更常見的商品價格底變動，以及商品價格的自身，是僅僅由資本家的意志而定的麼？還是相反地須有某種情形對於這種意志發生影響呢？如果不是這樣，那市場價格底起跌不斷的變動。便是一個不可解的謎了。

我們假定勞動生產力使用的資本和勞動或額，數藉以估計生產物價值的貨幣價值都沒有起什麽變化，不過工資率有了一種變化，那末，工資底增加怎麽能影響於商品底價格呢？就只僅是由於影響這些商品底需要和供給上的實際比例。

就全體而論，工人階級把宅的所得用在並且必須用在必需品上，這完全是眞確的。所以工資率普遍的增加，一定發生必需品底需要增加，因而便發生必需品市場價格底增加。生產這些必需品的資本家，一定以抬高他們商品底市場價格去補償那增加的工資。但是那些不生產必需品的資本家將怎樣呢？你們不要以爲他們是少數。你們如果想想國民生產物底三分之二由五分之一的人口消耗——一個衆議院底議員，近來說那只有七分之一的人口——，你們就知道國民生產物中何等大的一部分必須生產爲奢侈品或用以交換奢侈品，你們並且就知道各種必需品中何等大的額數一定是浪費於豢養僕役、馬、猫等等上面。我們從經驗上知道這種浪費，因必需品價格底增加時常要受很大的限制的。

但是那些不生產必需品的資本家之地位怎樣呢？他們不能因工資普遍的增加致利潤率下降，遂把他們的商品價格抬高起來藉以補償損失，因為這些商品底需要不能增多。他們的所得要減少，但是他們還要從這種業已減少的所得中支付更多的去買和從前同一類數底高價必需品。但還不止此。他們的所得既然減少，他們用於奢侈品的也少，因此他們對於彼此的商品之相互的需要也要減少。他們的商品價格因需要底減少就要下降。所以在這些產業部門中，利潤率就要下降；而這下降並不只與工資率普遍增加成單比例，而且與工資率普遍增加、必須品價格上升和奢侈品價格下降等成複比例。

投在各項不同的產業部門中的資本，其利潤率上的這種差別有什麼結果呢？顯然地，這個結果，就是每當平均利潤率由於任何原因在各種不同的生產部門中發生差異的時候所要發生的。資本和勞動一定將由獲利較少的部門轉入獲利更多的部門，而這種轉移的過程，一定將繼續下去，一直等到某一項產業底供給已經加多到和增加的需要相等，別項產業底供給已經下降到和減少的需要相等，然後停止進行。這種變化完畢之時，一般的利潤率在各項不同的部門中一定又相等了。這種紛亂的情形，原來不過是起於各樣商品底需要和供給比例上之變動，那末，它的原因既然消滅，它的結果也要消滅，而各種價格也要回復到從前的水平線和平衡了。因工資上升而利潤率下降之事，不限於某幾項產業部門，會變成一種普遍的現象。依我們的假設，勞動生產力沒有變化，生產總額也沒有變化，不過那一定的生產額要變更它的形態罷了。較多部分的生產品要以必需品的形態而存在，而較少部分的生產品要以奢侈品的形態而存在；或者結局是同一的，就是較少部分用以交換外國的奢侈品，以其原來形態消費；或者還是同一的，就是較多部分的本國生產品用作交換外國的必需品，而不用做交換奢侈品。所以工資率普遍的增加，在市場價格一時的擾亂以後，不過發生利潤率普遍的下降，而各種商品底價格並沒有何種長久的變化。

如果有人說我上邊的議論假定全部盈餘工資都花在各種必需品上面，那我就回答說這是我所做的最有利於威斯頓氏底意見的假設。如果盈餘工資是花在從前非工人所消耗的物品上面，他們購買力真正的增加，那就無需乎證明。可是，他們的購買力之增加既是僅從工資增加得來的，那末，這應該和資本家購買力底減少恰恰相適應。所以商品總需要就不會增加；不過組成這種需要底各部分要起變化罷了。一方面的需要增加一定有別方面的需要減少和它相抵。因此總需要仍然是不變的，商品底市場價格也不能發生何種變化。

那末，你們就遇着這種難關：或者盈餘工資是一樣地花在一切消費品上，於是工人階級方面需要底擴大必定有資本家階級方面需要底縮小為之抵償；或者盈餘工資只花在某幾種引起市場價格一時增漲的物品上，於是某幾項產業部門中利潤率上升和別項部門中利潤率下降，將引起資本和勞動在分配上的變化，直到供給增加到適應該項產業部門中增加的需要，又減少到適應別項產業部門中減少的需要，據一方面的假定，商品底價格將不發生變化。據另一方面的假定，市場價格稍微變動之後，商品交換價值將回復到以前水平線的原狀。據這兩方面的假定，工資率普遍的上升所生之最終的結果不是別的，不過是利潤率普遍下降罷了。

威斯頓氏要激動你們的想像力，所以要求你們想一想英國農業工資從九先令一般增加至十八先令所要發生的種種困難。他喊道，試想一想必需品在需要上的大增加和必需品必然發生之驚人的漲價！農產物底價格美國雖低於英國，資本和勞動間一般的關係美國雖然與英國相同，每年的生產額美國雖然遠少於英國，但是你們現在都知道，美國農業勞動者平均的工資比較英國農業勞動者平均的工資多至二倍以上。那末，我們的朋友爲什麽要撞這種警鐘呢？這不過是轉移我們面前眞正的問題罷了。工資忽然從九先令漲至十八先令，是忽然增加百分之百。現在我們決不討論英國通常的工資率能否忽然增加百分之百。我們根本用不着談到增加的數量在各實例中這種數量必定是要依存和適應一定情況。我們要問的，就是工資率普遍的增加，即使只限於百分之一，將發生怎樣的作用。

我把朋友威斯頓百分之百的增加之幻想棄去不講，請你們注意英國從一八四九年至一八五九年所發生的工資的眞正增加。

你們都知道從一八四八年以來所採用的「十小時法」或「十個半小時法」。這是我們親自看見的最大的經濟的變動之一。這是忽然的和强迫的工資增加，這不是發生於某一地方的產業，而是發生於英國賴以左右世界市場的主要產業部門。這是在特別不順利的情況下之工資的增加。烏爾（Uer）博士、西尼爾Senior）敎授和一切其他中等階級的御用經濟學的代言人證明下——我敢說，他們的理由遠勝於我們朋友威斯頓所持的理由——這種十小時制就要撞英國產業的喪鐘，他們證明了這不僅是簡單的工資增加，而且這個工資底增加是開端並立脚於所用的勞動量底減少上面的。他們力言你們想從資本家奪去的第十二小時，就正是他獲得利潤之惟一的一小時。他們危言聳聽，說積蓄底減少，價格底飛漲，市場底喪失，生產底限制，結果要反應到工資上，工人最後就要完全無法生活。在實際上，他們宣稱羅伯斯比爾(Robespierre)之最高價格法，和這非相比是一件小事，在某種意義上是對的。但是其結果怎樣呢？工作日雖然縮短，而職工的貨幣工資却加多 工廠所僱的職工數目大增，他們的生產品之價格繼續下降，他們的勞動生產力有驚人的發展 他們的商品市場前所未聞的累進的擴大。科學促進會(The Socier for the advancement of Science)於一八六〇年在曼徹斯特(Manchester)開會，我在會中親自聽見牛曼(W. Newman)氏承認自己以及烏爾博士、西尼爾和其餘許多經濟科學御用解釋者是錯的，人民的直覺是對的。我說及牛曼——不是牛曼(Francis Newman)教授——，因爲他在經濟學上佔一個重要的位置，他是託克的「物價史」(Mr. Tooke's: "History of prices")之撰稿人和編輯人，這傑作追溯物價底歷史從一七九三年起至一八五六年止。如果我們的朋友威斯頓對於固定的工資數，固定的生產額，勞動生產力之固定的程度，資本家之固定和恆久的意志等等的固定觀念以及其他的固定論和最後目的論都是正確的，西尼爾教授的悲慘的預言就應該是對的，而歐文（Robert Owen）就應該是錯的，因歐文於一千八百十六年便已宣佈普遍限制工作日是解放工人階級的第一準備步驟，他並且眞正逆着世人一般的成見，在紐拉拿克（New Lanark）地方的他底棉花工廠裏面，獨自實行起來了。

在施行十小時法制因此引起工資增加同一時期中，英國農業工資有普遍的增加，至於增加的理由此處不必列舉了。

爲不使你們發生誤會起見，我要說幾句預先的聲明，雖然這些話對於我眼前的目的並非必要。

一個人每星期得兩先令的工資，如果他的工資增至四先令，那工資率就要增至百分之百了。這種工資實際上的額數——每星期四先令——雖仍然是可憐的、忍饑受寒的小數，但是把它表明出來作爲一種工資率的增加，就好像一樁大事。所以你們決不可爲工資率中百分比的高調所炫惑。你們必須經常這樣問，那原來的額數是什麽？

並且你們懂得，如果有十個人每星期各得兩先令，五個人每星期各得五先令，還有五個人每星期各得十一先令，這二十個人每星期總共就收入一百先令或五鎊。如果他們每星期的工資總數上有了增加，假定為百分之二十，那末，五鎊就增至六鎊。講起平均數 我們可以說一般工資率已經增加了百分之二十，但在實際上，內中十個人的工資並沒有變動，一組五個人的工資只從五先令加至六先令，而另一組五個人的工資則從五十五先令加至七十先令。** 那他們內中就有半數不能改良自己的狀況，有四分之一只能在幾不可辨的程度內改良，只有其餘的四分之一才真正改善了。平均算來，這二十個人工資底總額增加了百分之二十 講到僱傭他們的總資本和他們所生產的商品價格，就好像他們二十人真是均分了平均增加的工資一般。農業勞動在英格蘭和蘇格蘭各地方的標準工資既大不相同，所以工資增加一事及於他們的影響也很不相等。

末了還有一點，就是在工資開始增加的時期中，種種反面的影響也在起着作用。如因俄羅斯戰爭 而生的種種新稅和農業工人住宅極大的毀壞等事都是。

預先聲明了這些，我來進行敘述一八四九年至一八五九年英國農業工資平均率約增至百分之四十這一件事。我能夠告訴你們很多的詳細材料藉以證明我的主張，但是照現在的目的講，我以爲把故穆爾頓（J. C. Morton）一八六○年在倫敦文藝社（The London Society of arts）所宣讀的「用在農業中的力量」（The Forces used in agriculture）之謹愼的批判的論文指給你們便已夠了。穆爾頓從許多賬簿及別項可徵信的文書中，撮取各種記錄予以發表，這些文書是他從住在蘇格蘭十二郡和英格蘭三十五郡的大約一百個農民那裏徵集得來的。

依照我們朋友威斯頓的意見，並且計及工廠中勞動者的工資同時的增加，一八四九年至一八五九年的期間，農業生產品底價格應當發生一種極大的漲價。但實在的事實是怎樣呢？雖有俄羅斯戰爭和一八五四年至一八五六年接續的歉收，但是英國主要農產品小麥底平均價格在一八三八年至一八四八年之間，每一夸脫（Quarter）約值三鎊 在一八四九年至一八五九年之間每一夸脫便降至二鎊十先令了。這種情形使小麥價格底下降至百分之十六以上，而同時農業中工資平均的增加爲百分之四十。在同一時期中，如果把宅的尾期和宅的首期相較，把一八五九年和一八四九年相較，則公家給養的貧民從九十三萬四千四百十九人減至八十六萬零四百七十人，相差為七萬三千九百四十九人；我承認是很小的減少，在以後幾年之間，這種減少又沒有了，但仍然是減少的。

我們還可以說，英國因取消「穀物條例」(The Corn Laws)的結果，從一八四九年起至一八五九年的時期中，外國穀類底輸入，比較一八三八年至一八四八年的時期多出二倍以上。其結果是怎樣呢？如果，依威斯頓氏的觀點，這樣對於外國市場忽然的、絕大的和繼續增加的需要，預想應使那地方底農產品之價格漲至一種驚人的高度，而這種增加的需要，無論是來自國外或來自國內，它的影響都是相同的。實在的情形是怎樣的呢？除去收穫減少的那幾年之外，在那個時期之中，穀類的大跌價為法國人時常辯論的題目；而美國人迫不得已屢次將他們多餘的生產品焚化，至於俄國呢，如果我們相信烏夸特(Urquhart)的話，俄國促起了美國的南北戰爭，因為它的農產輸出品在歐洲市場中為美國人底競爭所壓倒了。

威斯頓氏的論據要是化為抽象的形式，就是：一切需要的增加，常起於一定的生產額底基礎上面。所以這種增加，永不能使所需的物品之供給加多，但只能抬高這些物品底貨幣價格。可是，拿普通的觀察也可以看出增加的需要，有時將使商品底市場價格完全不變動，有時將引起市場價格一時的增加，跟着是供給的增加，跟着又是價格回低到原來的水平，在許多場合中有時還要回低到原來的水平以下。需要的增加無論是起於盈餘的工資或是起於別的原因，絲毫不能變更這個問題的情狀。從威斯頓氏的觀點看起來，這一般的現象和那種在工資增加的特別情形之下所發生的現象，是一樣的難解釋的。所以他的議論，對於我們所討論的問題沒有什麼特別的關係；他的論據僅僅表明他對於『需要的增加引起供給的增加，而不能引起市場價格結局的增漲』這些法則弄不清楚。

*最高價格法是一七九二年法國大革命時所頒行，規定商品的一定價格限制和標準工資率。這法令的主要贊助者是那些被叫做「瘋子」的人，他們是代表城市和鄉村的貧民底利益的。當甲可賓黨（Jacobin party）因策略關係與「瘋子」們結成一個集團之後，該黨領袖羅伯斯比爾便採取了這個法令。 ——編輯部註

** 這是五十五先令和七十先令的數字；是指那一群五個人底工資總數，一群裏每人底工資從十一先令增加到十四先令。

*** 此處馬克思指的是克里米亞戰爭（Crimean War）。 ——編輯部註

三　工資與通貨

我們的朋友威斯頓在討論的第二天，把他的舊主張換了新方式提出。他說：因貨幣工資普遍的增加之結果，將需用更多的通貨支付這些工資。通貨既是固定的，那末，怎能用固定的通貨去支付增加了的貨幣工資呢？以前的困難，起於工人貨幣工資雖然增加而工人所得到的商品額數固定；現在的困難，起於商品的額數固定而貨幣工資增加。不用說你們如果不承認威氏原先的武斷，他那相因而起的困難就消滅了。

不過我要說明，這個通貨問題，和我們眼前的題目沒有一點關係。

你們國家裏支付的機構，比歐洲任何國家都完善得多。因受銀行制度的擴充和集中之賜，只需很少的通貨去流通同等數目的價值和辦理同等或更大數目的事業。例如講到工資一項，英國工廠底勞動者每星期把自己的工資付給商店老闆，商店老闆每星期把這些錢送交銀行，銀行每星期把這些錢交還工廠主，工廠主再把這些錢付給工人，如此循環不止。一個勞動者每年的工資假定爲五十二鎊，如果使用這種方法，拿一個金鎊每星期同一循環不息，便可支付。就是在英格蘭，支付機構也還不及蘇格蘭的完善，並且不是到處一樣完善的。舉例說罷，我們看見有些農業區域，照純工業區域比較起來，需要更多的通貨去流通一個小得多的價値額。

你們如果渡過海峽，就看見貨幣工資比較英國的低得多，但是，在德意志、意大利、瑞士和法蘭西底工資是用更多的通貨額去流通的。同是一個金鎊，却不能那樣快地爲銀行所取得或那樣快地回到產業資本家的手中，所以不能以一個金鎊去流通一年的五十二鎊，或須用三個金鎊去流通一年的工資二十五鎊的額數。照這樣，把大陸各國和英國比較，你們立即可以知道，低廉的貨幣工資有可能比較高額的貨幣工資需要數目更大得多的通貨來流通，而這個實際上不過是一技術問題，和我們的問題完全沒有關係。

據我所知道的最正確的計算，英國工人階級每年的所得可以估計爲二億五千萬鎊。這個龐大的數目，大約是用三百萬鎊流通的。現在假定工資增加了百分之五十，於是所需的通貨不是三百萬鎊，需要四百五十萬鎊。工人每日的用費，有很大的一部分是用銀幣和銅幣，就是說僅用輔幣。這些輔幣對於金之相對的價值，和不換的紙幣一樣，是用法律任意規定的；那末貨幣工資增加百分之五十，充其量只須一百萬金鎊的額數的追加流通。現在藏在英蘭銀行（Bank of England）或私人銀行庫藏裏的金銀塊或硬幣形式的一百萬鎊，就要流通，但是如因需要這種追加通貨而發生什麽耗損，連這一百萬之追加鑄造和追加損耗所生之小小費用甚至也可以節省，並且真正會節省下來。你們都知道英國的通貨分爲兩大類，一種是各種的銀行券，商人間的交易和消費者付與商人的大宗款項中都採用這種通貨。另一種通貨爲金屬貨幣，在零售的商業中流通。這兩種通貨雖然種類不同，卻是互相輔依的。就是在大宗的支付中，凡在五鎊以下的零數大半是金幣流通的。如果明天發行四金鎊券或三金鎊券　或二金鎊券，那充滿這些流通經路的金幣即時就要被驅除，並且要流入那些因貨幣工資增加而需要它們的經路方面去。所以因工資增加百分之五十所需的另外一百萬，無須再加一個金鎊也可以補充起來。加增一種期票流通而不另發銀行券也可發生同一的效果，例如蘭開夏（Lancashire）就把這方法實行了很久。

如果工資率普遍增加百分之百——威斯頓氏假定農業工資的增加是這樣的——就會使必需品價格大漲，並且依威氏的見解，會須要更大一筆得不到的通貨，那末，工資普遍的下降在相反的方面也要產生同樣大的影響。好啦！你們都知道自一八五八年至一八六〇年是棉織工業最興旺的時期，尤以一八六〇年在商業史上是棉織工業空前的興盛時期，同時別的產業部門也是最興旺的。棉織工業勞動者和別種與棉織工業有關的工人的工資，在一八六〇年比較以前都高。後來美國的經濟危機來到，那些工資總數忽然下降，降到約相當於以前的數目四分之一。這如在相反方面就是增加百分之四百。如果工資是從五漲至二十，我們便說工資增加了百分之三百；如果工資是從二十降至五，我們便說工資減少了百分之七十五；但是一方面增加的數目和他方面減少的數目本是相同的，就是十五先令。這是工資率中一種突然的變動，從來沒有見過的，如果我們不僅計算那些直接在棉織工業中作工的人，並且還計算那些間接依靠於棉織工業的人，那末這種變動牽涉到的工人數目，要比農業勞動者人數多二分之一。小麥底價格曾經下降麼？一八五八年至一八六〇年三年之中小麥一夸脫每年平均的價格為四十七先令八辨士 一八六一年至一八六三年三年之中，小麥一夸脫每年平均的價格漲至五十五先令十辨士。講到通貨，則一八六一年造幣廠所鑄的爲八、六七三、二三二鎊，而一八六〇年所鑄的只有三、三七八、七九二鎊。這就是說一八一六年所鑄的通貨比一八六〇年所鑄多五、二九四、四四〇鎊，一八六一年銀行劵的流通比一八六〇年少一、三一九、〇〇〇鎊，這是眞的。現在減去此數，一八六一年所用的通貨和一八六〇年那種興盛的年歲相比較，仍然多出三、九七五、四四〇鎊，幾乎要多四百萬鎊；但是英格蘭銀行的金塊準備不是以完全相同的比例也是以大略相近的比例同時減少了。

現在把一八六二年和一八四二年比較。一八六二年的時候，除去那些流通的商品之價值和額數有絕大的增加以外，單是對於英格蘭和威爾士（Wales）的鐵路所正式交付的股份、借欵等資本即達三億二千萬鎊，這個數目在一八四二年就會令人難以置信。但是一八六二年和一八四二年通貨的總額仍然是幾乎相等的，在與價值——不僅是商品的價值，並且還有一般貨幣交易的價值——之龐大的增加對比之下，大抵還顯出通貨遞減的傾向。要是依我們朋友威斯頓的觀點看來，這便是一個不可了解的謎了。

他要是對於這事略加以更深的考察，就會發現：除掉工資不計（並且假定工資是固定的，）那些流通的商品之價値和額數以及通常那些要淸算的貨幣交易之額數是每天變化的；銀行劵發行總是每天變化的；那種不經貨幣的媒介而專藉期票、支票、登賬信用借欵和銀行淸算所（Clearing houses）之作用而支付的額數是每天變化的；由於實在金屬通貨之需要，在市面流通的硬幣作爲準備金的或藏在銀行倉庫中的硬幣及金塊之比例是每天變化的；用於國內流通的金塊之額數和送出國外備國際流通的金塊之額數是每天變化的。他就會發現他武斷通貨固定不變，是一種極大的錯誤，這是和每天變動相矛盾的。他就會去研究那些使通貨合適於不斷變化的情況之法則，不致把他對於通貨法則之錯誤的見解變成一種反對工資增加的論據了。

四　供給與需要

我們的朋友威斯頓承認「復習是學業之母」(Redetitlo est mater studiorum)這句拉丁成語、所以他用新的方式反復他原來的武斷，說因工資增加而起的通貨緊縮會發生資本底減少，以及這一類的話。我已經駁斥了他對於通貨的怪理論。再來討論他幻想着從他所想像的通貨困窘中生出的想像的結果，我認爲是完全無用的。他以許多不同的方式反復陳述教條．他完全同一的教條，我化成宅底最簡單的理論形式。

威氏討論他的問題的方法是非批判的，只要舉出一點便可看出。他非難工資底增加或因增加工資底結果而生的高額工資。現在我要問他，什麼叫高工資？什麼叫低工資？例如每星期五先令爲什麼就成爲低工資，每星期二十先令爲什麼就成爲高工資？如果五和二十比較是低的，那末二十和二百比較又更低了。如果一個人要作關於寒暑表的演說，他起首就講高溫度和低溫度、他不能與人以什麼知識。他起首必須告訴怎樣找出冰點，怎樣找出沸點，這些標準點是怎樣由自然法則決定的，並不是由寒暑表之出賣者或製造者的幻想定出來的。然而威斯頓氏關於工資和利潤，不獨不能從經濟的法則中推演出這樣的標準點，甚至於不覺得有注意這些標準點的必要。工資要和一種測量它的數量之標準相比較才能夠說高低，這是非常明白的，然而威氏却心滿意足地承認高低這種通行的俗語名詞，以爲這是有一定意義的。

他將不能說明，爲什麼要以某數付給某數量的勞動。如果他回答我說：『這是由供給和需要底法則規定的』。我首先就要問他，供給和需要的自身是用什麼法則規定的？於是那樣回答即刻就不足一顧。勞動底供給和需要間之關係不斷的變化，勞動底市場價格也是同樣的。如果需要超過供給，工資就上升；如果供給超過需要，工資就下降；但在這些情形之中、或者須用一種同盟罷工或別的方法去試驗需要和供給眞實的情形。可是、你們如果承認供給和需要是規定工資的法則、則聲言反對工資底增加便是幼稚而無效的，因爲依照你們所憑藉的至高無上的法則，一時期的工資上升和一時期的工資下降、是同樣地必然而當然的。你們如果不承認供給和

供給與需要

需要是規定工資的法則，我又要重行提出問題，就是爲什麽要以某數量的貨幣付給某數量的勞動？

但是從更廣泛的範圍來討論：你們如果以爲勞動或任何商品底價值都是結局由供給和需要規定的，那末你們就完全錯了。供給和需要只是規定市場價格一時的變動。供給和需要可以說明一種商品底市場價格爲什麽高於它的價值或低於它的價值，但是決不能說明那種價值的自身。假定供給和需要是平衡的，或如經濟學者所稱是彼此一致的。當需要與供給這兩個相反的力量正相等的時候，它們會使彼此都疲滯起來，無論在那一方面都不發生作用。供給和需要彼此平衡因此停止作用的時候，一種商品底市場價格和它的實在價值相等，並且和標準價格相等，而商品底市場價格是隨着這種標準價格變動的。所以我們研究這種價值底性質的時候，便完全無須討論供給和需要對於市場價格之暫時的作用。**這對於工資和對於其他一切商品價格是一樣的眞實。**

五　工資與價格

我們的朋友底一切議論若化爲最簡單的理論形式，便融成爲一句簡單的教條，就是：『商品底價格是由工資來決定或調節的』。

我可以用實際的觀察對這種陳舊的、已經推倒的謬論舉出反證來。我可以告訴你們，英國底工廠工人、礦工、製船工人等等的勞動，是相對的高價，但因爲他們的生產品低價，反比別的國家售價爲賤。而英國農業勞動者底勞動，是相對的低價的，反因他們的生產品高價，差不多一切其他國家的農產品都賤過英國。比較同一國中的物品以及各國的商品，我可以指出——除掉幾個與其是實際而寧是外表的例子以外——，平均說來，高價的勞動產生低價的商品，而低價的勞動產生高價的商品，這自然不是證明一例中的高價勞動和另一例中的低價勞動，便是那些正相反對的結果各自的原因；但是這無論如何；足以證明商品底價格不是由勞動底價格支配

工資與價格

的。不過，我們用這種經驗的方法來證明這一點眞是十分多餘的事。

大家或者會否認威斯頓氏曾提出『商品底價格是由工資來決定或調節的』這個教條，實際上他從沒有把它公式化。却正相反，他說利潤和地租也形成商品價格底基本的組成部分，因爲不僅工人底工資，就是資本家底利潤和地主底地租，也非從商品底價格中支付不可。但是他以爲價格是怎樣形成的呢？最初是由工資；其次，在價格中替資本家另加百分之幾，再替地主又加百分之幾。現在假定在生產一種商品中所費的勞動底工資爲十；如果利潤率對於支出工資爲百分之百，資本家要加上十，如果地租率對於工資也是百分之百，又要再加十；那末商品總共的價格就是三十。但是，這樣的決定價格；就不過僅是由工資決定罷了。如果上面的工資漲至二十，商品底價格就要增至六十，其餘可由此類推。所以一般老朽的政治經濟學者闡明工資規定價格的教條，力言利潤和地租不過是工資上所加的百分之幾，藉以證明這種教條是正確的。他們自然沒有一個能把那些百分之幾的限度推演成一種經濟的法則。反之，他們似乎以爲利潤是由傳統、習慣、資本家的志願決定的，或是由別種同樣武斷和難解的方法決定的，如果他們斷定利潤是由資本家相互的競爭決定的，他們却沒有說明，這種競爭，的確可以使各種不同的事業中的利潤率趨於相等，或是使那些利潤率趨於一種平均的水平線上，但是這種競爭決不能決定利潤水平的本身，或一般的利潤率。

我們說商品底價格是由工資決定，這是什麼意思呢？工資既僅爲勞動價格底別名，那就是商品底價格由勞動底價格規定的意思。「價格」既是交換價值——我所說的價值都是指交換價值——，既是用貨幣表現出來的交換價值；那末命題的推論就是『商品底價值是由勞動底價值決定的』，或是說『勞動底價值是價值底一般尺度』。

但是「勞動底價值」自身是怎樣決定的呢？我們到此處便停頓了。我們如果想依邏輯的方法去從事推理，就會停頓起來。但是提出這種敎條的人把邏輯上的躊躇輕率地處理了。例如就我們的朋友威斯頓來看，他起初告訴我們，說工資規定商品底價格，所以工資增加價格也定要增加的。接着他又掉轉方向向我們說明，工資底增加是沒有好處的因爲商品底價格已經增加了。工資實際是以工資所能買來的商品底價格來測量的。因此我們由勞動底價值決定商品底價值出發，我們得到了商品底價值決定勞動底價值的結論。因此我們在這個最糊塗的循環論裏轉來轉去，畢竟得不到結果。

總之，我們用一種商品——例如勞動、穀類或別的商品——底價值做價值的一般尺度或準則，我們顯然只躲避了難關，因為我們以一種價值由別種價值來決定，而這價值的本身，又需要被決定的。

『工資決定商品底價格』這種敎條，用它的最抽象的語法表明出來，就是『價值是由價值決定的』，而這種重複語就表示我們在實際上對於價值毫不知道。如承認這個前提，凡政治經濟學上一般法則之推理，便變成單單的囈語了。李嘉圖（Ricardo）於一八一七年刊行他的「政治經濟學原理」，他的大功勞就是在這部書中從根本上打破了「工資決定價格」這種陳舊的流俗的和腐敗的謬說，亞當斯密（Adam Smith）和其法國的先驅者，在他們著作中眞正科學的部分已經排斥了這種謬說，但是他們却又使這種謬說再現於他們著作中更淺顯、更庸俗的章節裏了。

六 價值與勞動

公民諸君，講到這裏，我現在必須更進而實際地發揮這個問題。我不能够一定很滿足地做到，因爲這樣做，我就要涉及政治經濟學的全部範圍。我只能如法國人所謂將主要各點稍微談一談。

我們要提出的第一個問題是：一種商品底價值是什麼？它是怎樣決定的？

乍一看，似乎一種商品底價值是一種十分相對的東西，若不顧及一種商品和其他一切商品間的關係，便不能決定商品底價值似的。其實講到價值，講到一種商品底交換價值，我們就是指一種商品與其他一切商品交換時之比例的數量。但是現在又發生一個問題，就是：各種商品彼此交換的比例是怎樣規定的？

我們從經驗上知道這些比例有無限的差別。例如小麥這一宗商品，一夸脫小麥和各種不同的商品交換，差不多有無數不同的比例。但是小麥底價值無論用絲或金或別的商品表現出來，總是相同的；它一定是一種與這些和各種不同物品交換的不同的交換率毫不相干的獨立的東西。用一種很不相同的方式來表現與各種商品的各種等値，一定是可能的。

倘若我說一夸脫小麥以某種比例與鐵交換，或是說一夸脫小麥底價値是以鐵的某種分量表現的，那就是說，小麥底價値和它在鐵上的等價物，等於某種第三種東西——這種東西既不是小麥又不是鐵——，因爲我假定小麥和鐵是以兩種不同的形態來表現這同一數量的。所以無論是小麥或鐵——他們是彼此不相連屬的——，都必定可以化成他們共通尺度的這個第三種東西。

我要用一個很簡單的幾何學上的例證來解釋這一點。我們比較一切形式和大小的三角形面積時，或是比較三角形與矩形或任何其他直線形時，是怎樣着手呢？我們將任何一個三角形底面積還元爲一種和它底外形很不相同的表現。我們既然由三角形的性質上發見它的面積是等於它的底邊和高相乘數之半　我們於是便能比較一切種類三角形不同的價値，並且能比較一切直線形不同的價値，因爲這些直線形都可以分解爲一定數目的三角形。

求商品的價值也要照同樣的方法進行，我們必須能把一切商品還元爲一種共同的表現。並且只能以他們所含這種同一尺度底比例數去分別他們。

商品底交換價值，既只是這些東西之社會的機能，與它們的自然的性質完全無關，那末我們第一就當問，一切商品之共通的社會的實質是什麽？那就是勞動。要生產一種商品，必須有一定量的勞動加在上面或花費在上面。而且我說不僅是勞動，還是社會的勞動。一個人爲自己直接使用，歸自己消費而生產的物品，就是造成一種生產品而不是一種商品。他是一個自給的生產者，與社會沒有關係。但是要生產一種商品，一個人不僅要生產一種東西去滿足某種社會的需要，而他的勞動自身也必定形成社會所費的勞動總額之一部分。這種勞動必須附屬於社會內的分工。倘若沒有別的分工，這種勞動便不能存在，而這種勞動又是補充分工的。

我們如果把商品當作價值看時，我們只是在實現的，固定的或所謂結晶的社會的勞動這單一的觀點來看這些商品。從這種觀點看來，各種商品的區別點，只在代表更大的或更小的勞動量，例如製造一條絲手巾比做一塊磚要費更大的勞動量。但是勞動量是怎樣測定呢？就是以勞動所經的時間爲標準，用時，日等等測定勞動。

應用這種尺度，一切種類的勞動都還元爲它的單位——平均勞動或單純勞動了。

所以我們便得到下面的結論：一種商品有一種價值，因爲它是社會的勞動底結晶。商品價值底大或其相對的價值，要靠着商品中所含的社會的實質之數量底大小，這就是說，要靠着商品底生產所必需之相對的勞動量。所以商品之相對的價值，是由各個商品中所費去的實現的和固定的勞動量決定的。凡以同一勞動時間所生產的商品之各個數量是相等的。或者說，一種商品底價值與別種商品底價值的關係，正是一種商品中固定的勞動量與別種商品中固定的勞動量的關係。

我想你們有許多人一定要問，用工資決定商品價值和用商品底生產所必需之相對的勞動量決定商品價值，其間眞正有什麼大分別麼？但是你們必須注意勞動的報酬和勞動量是很不相同的東西。例如，假定一夸脫小麥和一溫司金子所固定的是同量的勞動。我舉出這個例，因爲這是佛蘭克林（B. Franklin）在他的第一次論文裏面曾經用過的，這篇論文是一七二一年刊印，題爲「紙幣底性質和必要平議」他是首先發見價值的眞性質的一人。我們現在假定一夸脫小麥和一溫司金子有同等的價值或是等價物，因爲它們是各固定在自身裏面許多天或許多星期之平均勞動之相等量底結晶。我們這樣決定金子和穀類相對的價值，有一點是以僱農和礦工底工資爲根據麼？一點也沒有。他們每天或每星期的勞動是怎樣報酬的，甚至於是否完全使用了僱傭勞動，我們都不問。如果使用了，工資也許是極不相等的。把勞動實現在一夸脫小麥上的那勞動者或只獲得兩斛（Bushel）小麥，而那個開礦的勞動者也許只獲得半溫司金子的報酬。就假定他們的工資是相等的，那末這些工資也可以與他們所生產的商品價值在種種可能的比例上是不同的。他們的工資或等於一夸脫穀類和一溫司金子的半數、或三分之一、或四分之一、或五分之一、或任何比例的一部分。他們的工資，自然不能超過或多於他們所生產的商品底價值。但是這些工資，却可以以一切可能的程度少於他們所生產的商品價值。他們的工資，要受他們生產品底價值之限制，但是他們生產品底價值却不受工資底限制。還有一層頂要緊的，價值，例如小麥和金子底相對的價值如何決定，對於所用的勞動底價值，就是工資，是毫不顧及的。所以依其中固定的相對的勞動量去決定商品底價值，和依勞動底價值或工資去決定商品價值這種重複的語法是很不相同的。但這一點在我們的討論進行中以後還要加以解釋。

我們計算一種商品底交換價值，必須把從前用在這種商品底原料中的勞動量以及費在幫助這種勞動之器具、工具、機器和廠屋上的勞動，加在最後所費的勞動量上面。例如若干棉紗底價值，是紡績過程中施於棉花的勞動量；從前實施於棉花自身的勞動量；實施於煤炭、油和別種輔助材料的勞動量；以及固定於汽機、紡錘、工廠建築等等的勞動量之結晶。固有意義的生產工具如工具機器和廠屋，在反復的生產過程中，可以繼續使用一個較長或較短的時期。如果生產工具像原料樣是即刻用完的，那末，他們的全部價值也即刻就轉移到賴他們幫助而生產的商品上面。但例如紡錘既只是逐漸消耗的東西，那末，便根據紡錘所繼續的平均時間和宅在一定時期內——假定爲一天——的平均消耗，作成一種計算。我們依這種方法去計算紡錘底價值有多少是轉移於每天所紡的棉紗上，因此也用這種方法去計算費在一磅棉花上的勞動總量，有多少是由於從前用在紡錘上的勞動量構成的。就我們現在的目的而論，無須再討論這一點了。

如果商品底價值是依生產宅所需的勞動量決定的，似乎一個人愈加懶惰或愈加呆笨，他的商品便愈有價值，因爲他完成這種商品所需的勞動時間愈加長久的緣故。

但是這是一種嚴重的錯誤。你們記得我曾經用過「社會的勞動」這個名詞有許多要點就包含在「社會的」這個形容詞裏面。說一種商品底價值是由費在或結晶在這種商品中的勞動量而決定，我們是指在某種社會情況裏、在某種社會的平均生產條件之下、在所用勞動之一定的社會平均强度和平均熟練之下生產這種商品所必需的勞動量。英國當機織機出來和手織機競爭之時，把一定量的棉紗織成一碼布只需從前一半的勞動時間，可憐的手織機織工，從前每天只做九小時或十小時的工，到了現在每天作工十七或十八小時，但是他二十小時的勞動生產品只能代表十小時的社會的勞動，或是代表十小時的把若干棉紗織成布匹時的社會必要勞動。所以這個織工現在費二十小時的生產品比較他從前費十小時的生產品，不能有更大的價值。

如果商品中實現的社會的必要勞動量規定商品的交換價值，那末，生產一種商品所需要的勞動量增加，必定增加宅的價值，就如同生產一種商品所需要的勞動量減少，必定減少宅的價值一樣。

如果生產各種商品所必需的各種勞動量不變，商品相對的價值也是不變的。但是事情却不如此。生產一種商品所必需的勞動量，是隨着所用的勞動底生產力的變化而變化的。勞動底生產力愈大，在一定的勞動時間內所完成的生產品也愈多；勞動底生產力愈小，在同一時間內所完成的生產品也就愈少。舉例說：如因人口發達，必須耕種不甚肥沃的土地，那末，要同樣多的生產品，只有用一種更大的勞動量才能得到，而農產品底價值因此也要上升。從他方面講來，如果紡紗者應用現代生產手段，在一個工作日中把棉花紡成棉紗比他從前在同一時間內用手紡車所紡的紗多至好幾千倍，那末，每一磅棉花比較從前將少吸收好幾千倍紡紗的勞動，結果因紡紗而加於每一磅棉花上的價值也將比較從前少一千倍，這是顯然易見的，棉紗底價值也將因此下降。

勞動底生產力，除各人不同的自然的能力和所學到的工作能力外，主要地要靠：

一，勞動底自然條件，如土地底肥沃、礦山底豐富等。

二，社會的勞動力底繼續進步，這種進步是由下列諸事產生的：大規模的生產，資本的集積，勞動的結合，細密的分工，機器，改良的方法，化學力和別種自然力的應用，藉交通和運輸的手段之縮短時間和距離，以及其他科學藉以驅使自然力爲勞動服役，勞動的社會性或協力性得以發達的種種設計。勞動底生產力愈大，加於一定量的生產品上的勞動愈少；因此生產品的價值也愈小。勞動的生產力愈小，加於同量生產品上的勞動愈多；因此生產品底價值也愈大。所以我們可以把這定爲一種一般的法則：

商品的價值與生產中所費的勞動時間成正比例，而與所費的勞動底生產力成反比例。

以上只講過價值，我對於價格再講幾句。價格就是價值底一種特別形態。

就價格本身講，它不是別的，不過是價值之貨幣的表現。例如英國一切商品底價值是用金價格表現出來的，而在歐洲大陸，一切商品底價值主要地是用銀價格表現出來的。金或銀底價值，和其它一切商品底價值一樣，都是由採取它們所需的勞動量規定的。你們用本國的若干生產品——其中有你們國內若干勞動量結晶在裏面——去交換產金銀的國家之生產品，——其中也有他們國內若干勞動量結晶在裏面。你們用這個方法，實際上就是用物物交換，才學會用金銀來表現一切商品底價值，這價值就是用於商品上的各勞動量。把價值之貨幣的表現換言之，就是把價值向價格的轉變稍微詳細地考察一下，你們就發見，這是給一切商品底價值以一種獨立的同質的形態底、或是表現一切商品底價值爲相等的社會的勞動量底一個過程。價格旣然只是價值之貨幣的表現，所以亞當·斯密稱爲自然價格（Natural Price）法國的重農學派稱爲「必要價格」（Prixnecessaire）。

那末，價值和市場價格底關係或自然價格和市場價格底關係是怎樣呢？你們都知道生產條件雖因個別的生產者而有所不同，但是同種類的一切商品底市場價格却是一樣的。市場價格只表現在生產的平均條件之下供給市場以某數量的某種物品所必需之社會的勞動底平均量。這種計算是以某種商品底全部爲根據的。

在這樣範圍內，一種商品底市場價格是和它的價值一致的；另一方面，市場價格底變動，有時高於商品底價值或自然價格，有時低於商品底價值或自然價格，是以供給和需要底變動爲轉移的。市場價格和商品底價值相差異是繼續不斷的，但是如亞當·斯密所說的一樣：『自然價格是中心價格，一切商品底價格是不斷的以它爲重心的。種種偶然的事故，或有時使商品底價格遠高過於中心價格，有時或使商品底價格甚至於略低於中心價格。但是無論那些妨礙商品價格使它們不能停在這種安靜和恒久的中心之障礙如何，市場價格是時常傾向這個中心點的』。

我現在不能細細考究這樁事。總之，供給和需要如果彼此平衡，商品底市場價格就和它們的自然價格一致，這就是說，要和其生產所必需之各勞動量所決定的價值一致。供給和需要底平衡，雖只由於變動相繼即昂貴由下落和下落由昂貴來互相補償，但是供給和需要必定是不斷的傾向於彼此平衡的。如果你們分析較長期間的市場價格運動而不單單觀察每天的變動，例如像託克在他的「物價史」(History of Prices) 裏面曾經做過的那樣，你們就會發見市場價格底變動，它們和價值底差異以及它們的上升和下降，是互相尅制、互相補償的；所以除獨佔事業和某些限制的影響以外——我現在不能討論這些——一切種類的商品，平均都是按着它們各自的價值或自然價格出售的。在市場價格底變動互相補償的平均時期，因商品的種類不同而有差異，因為有些商品比較其他商品供給適合於需要要容易些。

廣闊地說起來，並包括略長的時期說起來，如果一切種類的商品按着它們各自的價值出售，則假定利潤——並不是個別情形中的利潤，而是各業經常的和普通的利潤——是起於抬高商品底價格或是起於出售時超過商品價值底價格，便是無意義的話。這個觀念如果一般化起來，宅的荒謬便顯然可見。一個人以賣者的資格所經常得到的，將以買者的資格同樣經常失去。如果說有些人是買者而非賣者或是消費者而非生產者　這是不對的。這些人付給生產者的東西，必須首先從生產者無代價得來。如果一個人首先拿了你們的貨幣，後來將那貨幣來買你的商品，你們就是將你們的商品以重價賣給他，你們也決不能致富。這種交易或可減少一種損失，但是決不能幫助獲得一種利潤。

所以你們要說明利潤底一般的性質，必須從基本理論出發，就是，平均起來，商品是按着宅們眞正的價値出售的，利潤是按商品底價値出賣商品得來的，就是說，以商品中所實費的勞動量爲準則出賣商品得來的。你們如果不能在這種假定之下解釋利潤，你們就完全不能解釋宅。這似乎是一種奇談，和日常的觀察相反。但是地球繞日而行以及水由兩種極易燃燒的氣體而成，也都是奇談。日常的經驗所接觸的事物，只是迷亂的現象，如果以這種經驗去判斷科學的眞理，眞理就永遠是奇談了。

七　勞動力 (Labourign power)*

在僅能這樣簡單地分析了價值的性質、一切商品底價值之性質以後，我們現在必須轉而研究那種特別的勞動底價值。我又要用一種好像奇談的話來驚訝你們。你們都確實以爲他們每天所出賣的是勞動；所以勞動有一種價格；商品底價格既只是其價值之貨幣的表現，那末，一定也有勞動底價值存在。但是在普通所承認的名詞裏，却沒有勞動底價值這種東西。我們已經知道商品裏所結晶的必要勞動量形成價値。現在應用這價值底概念，我們怎樣能替一個十小時工作日的價值下一種決定呢？一工作日含有多少勞動呢？十小時勞動。如果說一個十小時工作日的勞動等於十小時的勞動或是等於這一日所含的勞動量，這是一種重複的話，也是一種無意義的表現。我們一旦發見了「勞動底價值」這表現之眞實而隱藏的意義之後，自然能够解釋這種不合理的似乎不可能的價值之應用，好像我們一旦確定了天體實際的運動就能夠說明它們表面的或只是現象的運動一般。

工人出賣的東西，並不直接是他的勞動，而是他的勞動力，他以這種勞動力讓給資本家，暫時聽其處置。情形多半是如此，我雖不知道英國底法律若何，但我確知有些歐洲大陸國家底法律，規定了一種最大限度的時間，准一個人在這種限度內出賣他的勞動力。如果允許無期限地出賣勞動力，奴隸制就立刻恢復了。例如這種出賣的事如果包括他一生的時間，即刻就要使他成爲他的僱主底終身奴隸。

霍布斯(T. Hobbes)是英國最老的經濟學家和最富創造精神的哲學家之一，他在「巨靈」(Loviathan)這著作裏面已經直覺地說到所有後進者忽視的這一點。他說：『一個人的價值或所值，像其他一切東西一樣，就是他的價格，就是對於他的能力的使用所應付給的數目』。

我們從這基礎向前推論，便能夠決定勞動底價值，和決定其它一切商品底價值一樣。

但是在這以前，我們可以問：我們看見市場上有一群買者據有土地、機器、原料和生活資料，這些東西除掉原始狀態的土地之外，都是勞動底生產品；而在另一方面，又有一群賣者，他們除掉他們的勞動力，他們作工的手腕和腦筋之外，沒有別的東西可賣，——這種怪現象是怎樣起來的呢？一群人因爲要獲得利潤使他們致富，就繼續買入；而其他一群人因爲要謀生活，就繼續賣出。這種怪現象又是怎樣起來的呢？但是研究這個問題，就是研究經濟學家叫做『先期的或原始的積蓄』的，但這實應稱爲原始的掠奪。我們會發見這種所謂原始的積蓄不是別的，只是引起勞動者和其勞動工具原始的結合分解的一串歷史過程。可是這樣的研究，却超出我現在這個題目底範圍之外了。勞動者和勞動工具底分離一旦成立，這樣的情況就繼續存在，並且繼續增多地再生產，一直等到一種新的根本的生產方式革命才把宅再推翻，而以一種新的歷史的形式恢復那種原始的結合。

那末，勞動力底價值是什麼呢？

勞動力底價值像別的商品底價值一樣，是由生產宅所必需的勞動量決定的。一個人底勞動力只在他個體生存的時候存在。一個人成長和維持生活必須消費若干必需品。但是人和機器一樣是會歸於無用的，必須另有人去補充他。除他自己維持生活所必需的必需品以外，他還要若干必需品去養育幾個子女在勞動市場中代替他並且延縣勞動者的族類。還有一層，要發展他的勞動力，求得一種技能，必須另外花費若干價值。就我們的論題而言，只要考究平均的勞動就夠了，這種勞動底教育和發達的費用是無足輕重的數量。但是生產各種不同性質的勞動力底費用既然不同，各種不同的事業僱用的勞動力底價值一定也是不同的，關於這一點我必須乘此機會說出來。所以要求工資平等的呼聲是根本錯誤的。這是一種瘋狂的願望，決不能實現的。世間有一種虛僞膚淺的激進論，既承認前提，又想避去結論，那種呼聲就是這種激進論底產物。在工資制度底基礎上，勞動力底價值之決定和其他商品底價值之決定是一樣的；種類不同底勞動力既有不同的價值，或他們的生產需要不同的勞動量，所以他們在勞動市場中必定獲得不同的價格。在工資制度底基礎上大聲疾呼，要求相等的或是公平的報酬，就和在奴隸制度底基礎上大聲疾呼要求自由一樣。你們視爲公道或公平的東西是題外的話。問題在於：一種已定的生產制度所必須的和不可免的東西是什麽？

從以上說過的看起來，便知道勞動力底價值，是由生產、發展、維持和延續勞動力所需之必需品底價值決定的。

「資本論」的美譯文作Labour Power

——編輯部註

八　剩餘價值底生產

現在假定一個勞動者每日必需品底平均量須有六小時的平均勞動才能生產出來，又假定六小時的平均勞動用金子的量表現出來等於三先令。於是三個先令就是那個勞動者勞動力底價格或其勞動力底每日價值之貨幣的表現。如果他每天做工六小時，他每天必定生產一種價值足以購買他每天必需品的平均量，或是足以維持他自己，一個勞動者的生活。

但是我們的工人是一個工資勞動者，所以他必須把他的勞動力賣給一個資本家。如果他把他的勞動力每天賣三先令，每星期賣十八先令，他是按其價值賣的。假定他是一個紡紗的工人；如果他每天做工六小時，他每天對於棉花就加上了一種三先令的價值。他每天所加的這種價值，對於他每天所受的工資——勞動力底價格——恰恰是等價的。如果是這個情形，便沒有任何剩餘價值或剩餘生產品歸於資本家。我們於此便遇着一個難關。

資本家購買工人底勞動力，付了它的價值以後，就像購買一切其他商品的人一樣，已取得了一種消費或使用他所買的商品之權力。你們令一個人去作工以消費或使用他底勞動力，好像你們開動一架機器去消費或運用它一樣。所以資本家購買了工人勞動力底每天或每星期的價值；在那一整天或一星期之中，他已經獲得使用這種勞動力或使它作工的權力。工作日或工作週，自然有一點限制，這些限制我們以後再更詳細考究。

現在我希望你們一個要點要注意。

勞動力底價值是由維持或再生產這種力所必需的勞動量決定的，但勞動力的使用只有受勞動者活動的精力和肉體的氣力限制。勞動力每天或每星期底價值和這種力每天或每星期底運用是很有區別的，好像一匹馬所需的食料和它能夠載騎者的時間是有區別的一樣。限制工人勞動力底價值的勞動量，決不能對於工人底勞動力所能運用的勞動量作一種限制。現在用紡紗工人爲例。我們已經知道，要每天再生產他的勞動力，他每天就必須再生產一種三先令的價值，每天作工六小時，他就可以做到這一層。但是這樁事並不能阻止他每天作十小時、十二小時或多於十二小時的工。然而資本家因付給這個紡紗工人底勞動力以每天或每星期的價值，就取得了整天或整星期使用這種勞動力之權。所以他就使這個工人每天——例如——作工十二小時。紡紗工人除償還他的工資或他的勞動力底價值所需之六小時以外，他還須作工另外六小時，這種時間我稱爲剩餘勞動的時間。這種剩餘勞動將實現爲一種剩餘價值和一種剩餘生產品。例如說，假若我們的紡紗工人每天六小時的勞動要對於棉花增加三先令的價值——這種價值和他的工資是精確的等價——，那他在十二小時內對於棉花就增加了六先令的價值，並且生產相當的剩餘棉紗。他既然把他的勞動力賣給了一個資本家，他所創造的全部價值或生產品便都屬於資本家，這個資本家就是他的勞動力底暫時所有者。所以資本家付出三先令，實現一種六先令的價值；他付出的價值是六小時的勞動底結晶，但是他收回的價值是十二小時勞動底結晶。資本家每天以同樣的方法進行，每天付出的是三先令，收入的是六先令，這六個先令中有一半將再付工資，其他一半將構成一種剩餘價值，而資本家對於這種價值並沒有付出任何的等價。資本家的生產或工資制度，就是以這種資本和勞動間之交換爲基礎，而其結果必定不斷地把工人當作工人、把資本家當作資本家再生產出來。

如果其他一切情形都一樣，剩餘價值率就要依靠那種再生產勞動力的價值所必需的工作日之一部和那種替資本家效力的剩餘時間或剩餘勞動之間的比例爲準則。所以剩餘價值率要依靠工作日延長超過這種限度——工人在這限度內工作只能再生產他的勞動力價值或抵償他的工資——的比例而定。

九　勞動底價值

我們現在必須回到「勞動底價值或價格」這個表現。

我們已經知道、實際上，勞動底價值不過是勞動力底價值，以維持這勞動力所必需的商品之價值來測定的。但是工人從事勞動之後，既獲得他的工資，並且知道他實際給與資本家的東西就是他的勞動，所以他必然以爲他的勞動力底價值或價格似乎就是他的勞動本身底價格或價值。如果他的勞動力底價格是三先令——這是六小時底勞動所實現的——而他作工十二點鐘；他必以爲三個先令就是十二點鐘勞動底價值或價格，可是，這十二點鐘的勞動所實現的却是一種六先令的價值。這一點便生出了兩重的結果：

第一，嚴格說起來，勞動的價值和價格雖是無意義的名詞，但是勞動力底價值或價格却採取着勞動自身底價格或價值的外觀。

第二、雖然工人每天的勞動只有一部分是有償的，其他一部分是沒有償的，同時這種無償的或剩餘的勞動雖恰恰構成剩餘價值或利潤所由形成的原本，但全部的勞動似乎都是有償的勞動似的。

這種虛僞的外觀，就是傭僱勞動和勞動底其他歷史的形態不同之處。在工資制度底基礎上，甚至於無償的勞動也似乎是有償的勞動；反之，奴隸底一部分有償的勞動，却似乎是無償的。一個奴隸因爲要作工，自然必須生活，而他的工作日的一部分就用於抵償他自己維持生活的價值；但是他和他的主人間既沒有契約，兩方又沒有買賣的行爲，所以他的勞動似乎都是白丟了的。

再取農奴爲例，我可以說，農奴在整個東歐直到最近仍然是存在的。農奴在他自己的或分派給他的田地中作工三天，以後的三天他就要在他主人田地中從事於强迫的、無償的勞動。於是勞動有償的和無償的部分是明明白白地分開了，在時間上和空間上都分開了；我們的自由主義者，對於使一個人無報酬而作工這種背理的意見，也充滿了道德上的忿怒。

但是實際上，無論一個人是一星期中在他自己的田地中爲他自己作工三天，再

勞動底價值

在他主人田地中無報酬地作工三天，或是在工廠或作坊中每天替他自己作工六小時，再替他的僱主作工六小時，結果都是相同的，不過在後一例中，勞動之有償的和無償的部分是不分地彼此混在一起，整個交易底性質完全被一種契約的存在和每星期終所得的報酬所掩飾罷了。這種無報酬的勞動在後一個例中似乎是自願給與的，在前一個例中似乎是强迫給與的。不同在此。

在用「勞動底價值」這個名詞時，我只是把它當作「勞動力底價值」之俚俗語來用而已。

一〇 利潤是由商品按照宅的價值出賣而取得的

假定一小時的平均勞動實現爲等於六辨士底價值，或是十二小時的平均勞動實現爲六先令，又假定勞動底價值爲三先令或六小時勞動底產物。那末，如果一種商品費去的原料、機器等之中實現了二十四點鐘的平均勞動，那末這種商品底價值就等於十二先令。如果資本家所僱的工人再加十二小時的勞動於那些生產手段上面，這十二小時一定實現爲六先令的附加價值。所以這種生產品底全部價值，就等於三十六小時實現的勞動，等於十八先令。但是勞動底價值，或付給工人的工資，只有三先令，所以資本家對於工人所做的並且實現於商品價值裏面的六小時剩餘勞動，並沒有償付任何等價；所以，資本家照這種商品的價值賣十八先令，他實現了三先令的價值，對於這種價值他並沒有付出等價。這三個先令，就是他所中飽的剩餘價值或利潤。所以資本家按照商品眞正的價值出賣商品就實現三先令的利潤，並不是因爲他所賣的商品價格超過商品價值。

一種商品底價值，是由該商品所含的勞動總量決定的。但是這種勞動量的一部分實現成一種價值，對這種價值，以工資的形式付給了一種等價；還有一部分實現成一種價值，沒有被付以任何等價。商品中所含的勞動，有一部分是有償的勞動；還有一部分是無償的勞動。所以資本家按照商品底價值——就是按照加於商品上的勞動總量底結晶——出售商品，必定獲得一種利潤。他不僅賣了他曾經費去等價的東西，並且還賣了他未費分文的東西，可是這東西却費去了他的工人底勞動。商品的眞正原費和資本家底原費是不相同的。所以我反復地說，正常的平均的利潤不是由於出賣商品超過他們的價值得來的，而是由於按照他們的眞正價值出賣商品得來的。

二　剩餘價值所分解成的各部分

剩餘價值或是商品全部價值中所實現的工人底剩餘勞動或無償勞動的那一部分，我稱爲利潤。這種利潤的全部，不是爲僱用工人的資本家所獨得的。地主獨佔土地，無論這土地是用於農業上、建築鐵路或其他生產目的，他都以地租的名義取得剩餘價值底一部分。另一方面，據有勞動工具僱用工人的資本家，生產一種剩餘價值，——換言之，奪取若干無償勞動的這種事實，便能使勞動手段底所有者將此等工具底全部或部分地租給僱用工人的資本家；簡言之，即使借貸資本家以利息的名義獲得剩餘價值底又一部分，故餘留給僱用工人的資本家之部分，只是所謂產業利潤或商業利潤而已。

這三個範疇人由什麼法則分割剩餘價值底總額這個問題，是遠出於我們的主題之外。但是從上面所說可以得出這樣的結論。

60

地租、利息和產業利潤不過是商品底剩餘價值或商品中所含無償勞動之不同部分的不同名稱能了，它們都是同樣從這個來源並且從這惟一的來源產生的。它們不是從土地本身或資本本身出來的，但是土地和資本能使它們底所有者從僱用工人的資本家壓搾勞動者所得來的剩餘價值中各分得一分。勞動者底剩餘勞動或無償勞動底結果之剩餘價值，或是全爲僱用工人的資本家所得，或是這資本家迫不得已用地租和利息的名義以其一部分給第三者，——這對於勞動者是沒有多大緊要的。假定僱用工人的資本家只用自己的資本，並且自己就是地主，那末，全部剩餘價值就歸他所得了。

直接向勞動者搾取剩餘價值的乃是僱用工人的資本家，不管他自己到底可以保持這剩餘價值的那個部分。所以整個工資制度和現在整個生產制度，完全是以僱用工人的資本家和僱用工人間的關係爲樞紐。因此，有些參預我們討論的人說，在某種情形之下，價格的上升影響僱用工人的資本家、地主、借貸資本家或者徵稅者的程度，極不一致，——這種話是很對的；但他們想要抹煞事實，把僱用工人的資本家和工人間這種根本關係作爲一個次要的問題，那就錯了。

從上文所說的還可推論出另一結果。

商品價值中只代表原料、機器之價值的那一部分，就是只代表消耗了的生產手段之價值的那一部分，並沒有構成任何收入不過補償了資本而已。但是除掉這一部分不講，說構成，收入的那一部分商品價值，或可以以工資、利潤、地租、利息的形式花費掉的別一部分商品價值，是由工資底價值、地租底價值和利潤的價值等等所構成，也是錯誤的。我們先不論工資，只討論產業利潤、利息和地租。我們上文說過，商品中所含的剩餘價值或商品價值中實現無償勞動的那一部分價值，要分解成不同的部分，有三種不同的名稱。如果說商品底價值是由於這三個組成部份底獨立價值相加而成，那就和眞理十分相反了。

如果一小時的勞動實現爲一種六辨士的價值，如果勞動者的工作日含有十二小時，如果這種時間裏面有一半是無償的勞動，那末這種剩餘勞動對於商品將加上一種三先令的剩餘價值，這就是一種沒有被付以等價物的價值。這種三先令的剩餘價值，構成僱用工人的資本家可以依任何比例和地主及債主分配的全部原本。這三個先令的價值，構成他們之間分配的價值之限度。但並不是僱用工人的資本家在商品底價值上隨意加上一種價值作他的利潤，又加上一種價值給地主等，然後這些隨意規定的價值相加起來就構成全部價值。通俗的見解把某種價值之分解爲三部分和三種獨立的價值相加而構成這個價值，沒有分別淸楚，於是把這種總價值——地租、利潤和利息都是由這種取得的——變成一種隨意規定的數量——，你們現在知道這種意見是謬誤的了。

如果一個資本家所實現的總利潤等於一百鎊，我們便稱這種數目——把它視爲一種絕對數量——爲利潤額。但是我們如果計算這一百鎊對於所投的資本之比例，我們就稱這種相對的數量爲利潤率。這種利潤率顯然可以用兩種方法表現出來。

假定一百鎊爲投於工資中的資本。如果所造出的剩餘價值也是一百鎊——這就會顯出勞動者工作日的一半是包含着無償的勞動——，如果我們用投在工資中的資本的價值去測定這種利潤，那末，我們就當說利潤率等於百分之百，因爲投入的價值爲一百而取得的價值爲二百的緣故。

另一方面，如果我們不僅顧及投入工資中的資本，並且還顧及所投的全部資本，例如全部爲五百鎊，其中四百鎊是代表原料、機器等等底價值，那末我們就應當說，利潤率只等於百分之二十，因為一百鎊的利潤只為所投的全部資本五分之一。

第一個表明利潤率的方法，是指示有償勞動和無償勞動間眞正比例——就是勞動剝削（你們得允許我用這個法國的名詞）的實在程度——底唯一方法；另外一個表明利潤率的方法，是普通所用的方法，而且的確也合於某幾種目的之用。無論如何，為要將資本家向工人榨取無償勞動的程度隱藏起來，它是有很大用處的。

我在還要進行的討論中，以利潤這個名詞來代替資本家所榨取的剩餘價值的總額，絲毫不管這種價值要分作好幾分的問題。我用利潤率這個名詞，經常地是以投入工資中之資本的價值來測定利潤。

一二　利潤、工資與價格底一般關係

從一種商品底價值中除去那種抵償原料和其他為這商品耗費的生產手段的價值之價值，就是除去商品中所含那種代表**過去**勞動的價值，所餘留的部分，就分解為**最後**僱用工人所加的勞動量。如果這個工人每天作工十二小時，如果十二小時的平均勞動結晶成為六先令的金額，這種六先令的追加價值，就是他的勞動所創造的**唯一**的價值。這種由工人勞動時間決定的一定的價值，就是工人和資本家雙方自其中各分一分的唯一的原本，就是分作工資和利潤的唯一價值。他們兩方，雖然可以按各種不同的比例來分配這種價值，但是這個價值的自身無所改變，這是很明顯的。假如不以一個工人計算而拿全部工作人口計算，把一千二百萬工作日去代替一個工作日，也沒有什麼改變。

資本家和工人既只要分配這種有限的價值，就是以工人全部勞動所測定的價值，那末一方面分得愈多，他方面就分得愈少，反之一方面分得愈少，他方面就分得愈多。每逢有一個數量，這個數量中底一部分減少，其他部分相反地就要增加。如果工資有變動，利潤就在相反的方面變動。如果工資下降，利潤就上升；如果工資上升，利潤就下降。如果工人按我們前面所假定的，取得三先令——等於他已經創造的價值之半數——，或者他整個工作日一半是有償的勞動，一半是無償的勞動，利潤率就是百分之百，因爲資本家也要取得三先令。如果工人只取得兩先令，或是在一整天中爲他自己作工只占三分之一的時間，資本家就取得四先令，利潤率就是百分之二百。如果工人得四先令，資本家便只得兩先令，利潤率就降至百分之五十，但是這一切變化都不致影響於商品底價值。所以工資普遍的上升，要引起利潤率普遍的下降，而對於價值卻不發生影響。但是商品底價值——這些價值最終一定要支配商品底市場價格——雖完全是由商品中固定的勞動全量來決定，不是由把這種勞動量分爲有償勞動和無償勞動來決定，而在十二小時所生產的一種或許多種商品底價值決不是永遠不變的。在一定的勞動時間所生產的或是爲一定的勞動量所生產的商品數或量，全靠所僱用的勞動底生產力如何來決定，不是靠這種勞動底廣度或長度來決定的。例如紡績勞動的生產力，在一個十二小時的工作日中或可生產十二磅棉紗，他一種較小的勞動生產力或只生產兩磅棉紗。如果在前一例中十二小時中平均勞動實現爲六先令的價值、十二磅棉紗就要值六先令；而在後一例中，兩磅棉紗也要值六先令。所以前一例中一磅棉紗只值六辨士，在後一例中一磅棉紗竟要值三先令。由所僱用勞動底生產力之差異就要發生這種價格的差異。較大的生產力一小時的勞動實現爲一磅棉紗，而較小的生產力六小時的勞動實現爲一磅棉紗。一方面工資雖是相對地高、利潤率雖是相對地低，但是一磅棉紗的價格只有六辨士；他方面工資雖低、利潤率雖高，但是一磅棉紗的價格却爲先令。這是必然的事，因爲一磅棉紗的價格是由費在這裏面的勞動全量規定的，不是由這種全量分爲有償勞動和無償勞動的比來規定的。所以我前面所說的高價勞動或可生產廉價商品、低價勞動或可生產高價商品，這種事實便沒有什麼不可了解。事情只是說明這個一般的法則一種商品底價值，是由商品中所費的勞動量規定的，但商品中費的勞動量全靠所僱用的勞動底生產力如何來決定，所以勞動量隨勞動生產力底一切變化而變化。

一三 企圖工資增加或抵抗工資下降底要例

讓我們現在來鄭重考究那些企圖增加工資或抵抗減少工資底要例。

一、我們已經知道，勞動力底價值或如俗語所謂勞動底價值，是由生活必需品底價值或生產此等必需品所需的勞動量來決定的。例如在某國裏，如果勞動者每天平均生活必需品底價值爲六小時的勞動，表現爲三先令，那末，勞動者爲生產維持自己每天生活的等價物起見，每天必須作工六小時。如果整個的工作日爲十二小時，資本家付他三先令，便是付了他的勞動底價值；工作日底一半便爲無償勞動，而利潤率就等於百分之百。但是現在假定因生產力減少底結果，必須有更多的勞動去生產同量的農產品，因此每日平均生活必需品底價格就從三先令漲至四先令。勞動價值在這一例中就要增加三分之一，或百分之三十三又三分之一。勞動者要依照他原來的生活水準生產維持自己每日生活的等價物，便須在一個工作日內佔去八小時；所以剩餘勞動要由六小時減至四小時，利潤率要由百分之百降至百分之五十。但是勞動者要求增加工資，不過只要求獲得他的勞動所增加的價值，恰和出賣商品的人在商品底費用已經增加之後就努力使買者支付商品所增加的價值一樣。如果工資沒有上升或沒有充分上升，藉以補償生活必需品所增加的價值，勞動底價格必低於勞動底價值，勞動者底生活水準也就要減低。

但是變化也可以在相反的方向發生。同量的每日平均生活必需品，因勞動生產力底增加，可以從三先令減至兩先令，或是在一個工作日中不必要六小時只要四小時就能再生產一種每日必需品底價值之等價物，現在工人可以用兩先令買從前用三先令所買的必需品；勞動底價值就會下降，但是這種減低了的價值要能夠獲得從前同量的商品；於是利潤要從三先令漲至四先令，而利潤率要從百分之百漲至百分之二百。勞動者絕對的生活水準雖仍然如前，但是他的相對的工資、從而他的相對的社會地位——和資本家的社會地位相比較——便降低了。如果工人要抵抗相對工資底減少，他就只有努力在他自己的勞動之增加了的生產中分得一分，並且努力維持他從前在社會等級上的相對地位。英國工廠主在穀物條例取消之後，當即背棄那種反對穀物條例騷動時代所給予之最嚴肅的諾言，普遍地把工資減去百分之十。一般工人底抵抗，初時沒有效果，但是因種種情形——我現在不能述說這些情形——底結果，後來又恢復所失去的百分之十的工資了。

二，必需品的價值因而勞動底價值雖然保持原狀，但是若因貨幣價值發生變化，它們的貨幣價格也就隨之要發生變化。

因爲更豐富的礦產底發見等等，生產二溫司金子所費的勞動或不致多於從前生產一溫司金子所費的，於是金子底價值必定減少一半或百分之五十。其他一切商品底價值既須用兩倍它們從前的貨幣價格表現出來，勞動底價值也是一樣的。十二小時的勞動，從前用六先令表現出來，現在要用十二先令表現出來。工人底工資如果不漲至六先令而仍爲三先令，他的勞動底貨幣價格一定只等於他的勞動價值之半數，他的生活水準一定大爲減低。如果他的工資上升，但不和金子底價值下降成比例，這種情形也多少要發生。在這種事例中，勞動生產力或供給和需要或價值，都沒有什麽變動，除這些價值底貨幣名義以外，什麽也沒有發生變化。如果說工人在這樣的事例中不應當主張工資同一比例的上升，這就是說他必須滿足於名義上的報酬，不必在實際報酬上求得滿意。一切過去的歷史證明，無論何時，一發生這樣的貨幣跌價，資本家就乘這種機會力圖欺騙工人。很大一羣政治經濟學者確言，因產金地底新發見、銀礦底工作改良和水銀底較廉價的供給，貴金屬的價值已經又下降了。這椿事足以說明歐洲大陸普遍的、同時的增加工資之企圖。

三，我們以前都假定工作日有一定的限度。但是工作日自身不能具有不變的限度。資本有一種永恆的傾向，就是要延長工作日達到宅生理上可能的極端長度，因爲剩餘勞動因而及由這種勞動產出來的利潤，也將以同一的程度增加。資本延長工作日愈成功，宅佔有他人的勞動量就愈多。當十七世紀甚至於十八世紀內前三分之二的期間，十小時的工作日是全英國的正常工作日。當反甲可賓戰爭（The Anti-Jocobin War）之際——實際上這就是英國貴族反對英國工人大衆底一種戰爭——，資本家慶祝自己的勝利，並且把工作日從十小時延長至十二小時，十四小時，十八小時。馬爾薩斯（Ma-lthus）並不是一個多愁善感的人，但他在一八一五年刊印的一本小冊子裏面宣稱這種事情如果繼續下去，國民的生命資源要受打擊。新發明的機器一般應用的數年前，約在一七六五年，英國有一本小冊子出現，名爲「貿易論」（An Essay on Trade）這位軼名的著者是工人階級底公敵，他力言擴張工作日底限制之必要。他所提議達到這個目的底方法中有一種什麼勞役場（Working hous-e）說這種勞役場應是一種「恐怖院」。他替這些「恐怖院」所定的工作日是多少時間呢？他定的是十二小時。這就是一般資本家、政治經濟學者和閣員於一八三二年所明白宣佈的，他們不僅把這定爲十二歲以下的小孩子現有的勞動時間，並且還把這定爲他們必須的的勞動時間。

工人出賣他的勞動力，並且在現制度之下他必須出賣他的勞動力，因此他就將這種力底消費讓給資本家，不過這樣的讓與，是在某種合理的限度以內罷了。他出賣他的勞動力，是爲的要維持這種力——除掉勞動力自然的損耗以外，——不是爲的要毀滅這種力。大家曉得工人按着勞動力每日或每星期的價值出賣他的勞動力，並不願在一日或一星期內遭受兩日或兩星期的損耗或損失。現在舉一架值一千鎊的機器爲例。如果這架機器在十年間用完，它就對於由它幫助生產的商品底價值每年加上一百鎊；如果這架機器在五年間用完，它就對於所生產的商品價值每年加上二百鎊；或者說他每年損耗的價值和他消費底速度成反比例。而這一點却是工人和機器不同之處。機器底損耗和它的使用不恰是成等比的。反之　人類比僅從他工作數量底增加所看出的情形，還要更大的比例衰老起來。

在力圖將工作日減至從前合理的範圍時，或者當他們不能强迫法律規定一種標準工作日而力圖增加工資——使這種工資底增加不僅與被掠奪的剩餘時間成比例，而且成更大的比數——去防止過度工作時，工人們不過是對於他們自己和他們的族類履行一種義務罷了，他們不過對於資本那種橫暴的掠奪加些限制罷了。人類的進步依賴時間，一個人如果沒有由自己處置的自由時間　一生除睡眠飲食等僅有的肉體上必需的間斷以外，都是替資本家勞動服務，那末他就還不如一個載重的畜生。他不過是一架生產別人財富的機器，身體是破敗的，心智是獷野的。但是近世產業底全部歷史證明，如果對資本不加限制，它就會不顧一切地無情地把工人階級全體投入這種極端的墮落境地中。

資本家延長工作日，可以付出更多的工資而實際仍是降低勞動底價值　假如工資底增加，不與被掠取的更多的勞動量相適應而使勞動力更快的衰退的話。這種事也可以用別種方法做出來。你們底中等階級的統計家們會告訴你們，說蘭開夏的工廠工人底家族所得的平均工資已經增加了；他們却忘記了除家長那個男子底勞動以外，他的妻子和也許有三四個小孩子現在都被投在資本的車輪下了，忘記了總額工資之增加不能和資本從這個家族所榨取的總額剩餘勞動相當。

即令工作日有一定的限制，例如適用工廠法的一切產業部門現在還有這種限制，但如果要保持勞動價值的老標準，增加工資就是必要的。因增加勞動強度可以使一個人在一小時內所費的生命力和他從前在兩小時內所費生命力一樣多。在工廠條例下，各業中因爲機器底速度增加和一個人要管理的工作機器加多，就在或種程度內發生了這種情形。如果勞動強度底增加或是一小時內所費的勞動量的增加與工作日長度的縮減保持公平的比例，那還算工人佔便宜。如果超過這個限度，他雖然以一種形式有所得，而在另一種形式就有所失，於是十小時勞動底害處與從前十二小時勞動底害處是一樣的。工人隨勞動強度底增加而爲工資增加奮鬥以制止資本這種傾向，不過是抵抗他的勞動底跌價和他的族類底墮落罷了。

四，你們都知道，由於我現在不加解釋的理由，資本家的生產是依週期的循環進行的。生產經過沉靜、漸漸活躍、繁榮、生產過剩、恐慌和停滯種種狀態運動。

商品底市場價值和利潤底市場率跟着這些狀態變化，有時低於它們的平均數，有時高於它們的平均數。你們如果考究全部循環期，便會發現市場價格底一種偏差是由別種偏差相補償的。而且，將這個循環期平均起來，商品底市場價格是由商品底價值規定的。好啦！可是當市場價格下降時與在恐慌和停滯的狀態時，工人即或不致全然失業，他的工資也一定是會減少的。他要不受騙，即使在這樣的市場價格下降時也必須和資本家爭論，到底工資必須減低至如何程度。當繁榮時期產生額外利潤時，如果工人不力爭增加工資，那末按照一個產業週期平均計算起來，他甚至要得不到他的平均工資或他的勞動價值。他的工資，在不利的週期狀態中既然必須受影響，如果在繁榮時期不要求補償，這就是愚蠢達於極點。大概說起來，一切商品底價值只有因繼續變動的市場價格互相補償才能夠實現，而繼續變動的市場價格是從供給和需要底繼續變化發生的。在現制度底基礎上，勞動不過是一種商品，和其它商品一樣。所以勞動要獲得一種和它的價值相應的平均價格，必須經過同樣的變化。如果在一方面把勞動看做一種商品，而在他方面又要把它放在那些支配商品價格底法則之外，這就是荒謬的了。奴隸能得到永久的、固定的分量之生活資料，而僱傭工人却不能這樣。僱傭工人如果要想補償一個時期中工資底減少，必須在別一個時期中努力獲取工資底增加。如果他自己退讓而接受資本家底意志或命令作一種永久的經濟法則，他就一定要受奴隸所受的一切苦痛而得不到奴隸的生活保障。

五，在我以上所討論的各例中——他們已是一百個例中的九十九個例子——，你們已經看見增加工資底鬥爭，只是隨着事前變化底軌道運行的，並且是生產底分量、勞動底生產力、勞動底價值、貨幣底價值、被榨取的勞動長度或強度以及市場價格底變動等等之事前變化底必然產物，是依需要和供給底變化爲轉移的，而且是與產業週期內各種不同的時期相適應的。總說一句，這種增加工資底鬥爭，就是勞動對抗資本事前行動之一種反動。你們如果丟開這些情形去討論增加工資底鬥爭，你們如果只看到工資底變動而忽視他們所自出的其他一切變動，那末你們就是因爲要達到虛僞的結論，遂從一個虛僞的前提着手。

一四　資本和勞動間的鬭爭及其結果

一、工人方面週期性地抵抗工資底減少、週期性地企圖工資底增加，是和工資制度不能分離的，是受勞動與商品相同這事實所支配，因此也是受規範一切價格運動的法則所支配的。工資一般的增加，發生一般利潤率底下降，但是對於商品底平均價格或商品底價值不發生什麼影響？——這是已經講明白了。現在的問題，就是資本和勞動間不斷的鬥爭到什麼地步，勞動才有勝利的可能。

我可以用一種概括的話來答覆這個問題。勞動和其他一切商品一樣，它的市場價格在長期間要適合於它的價值，所以無論市價有什麼漲落，無論工人如何竭力鬥爭，平均計算起來，工人只能獲得他的勞動底價值；他的勞動底價值，便變成爲他的勞動力底價值，這種勞動力的價值是由維持和再生產這種力所需之必需品底價值決定的，而必需品底價值最後又是由生產它們所需的勞動量規定的。

但是有些特點可以區別勞動力底價值或勞動底價值與其他一切商品價值底不同。勞動力底價值，是由兩種要素構成的，——一種是僅僅物質的要素，其他一種是歷史的或社會的要素。勞動力最終的限度，是由物質的要素決定的，這就是說，工人階級要維持並且再生產宅自己要繼續宅的物質的存在，必須取得那些維持生活和繁殖族類所絕對不可少的必需品。所以那些不可少的必需品之價值，就構成勞動價值最終的限度。在他方面，工作日的長度，也是由最終的、不過很有伸縮的界限所限制着的。工作日最終的限度，是由工人底體力限定。如果他的生命力每日的消耗超過某種限度，他的體力使一天一天地不能從新使用了。但是，我們剛才說過，這種限度是很有伸縮性的。不健康的短命的後代，如果生殖的極速，也可與精壯的長命的後代一樣可以供給勞動底市場。

除物質的要素以外，各國的勞動價值是由一種傳統的生活水準（Traditional Standard of life）決定的。這種生活水準，不單是物質的生活，而是一種人民居於斯育於斯的社會狀況中發生出來的某幾種需要之滿足。英格蘭人底生活水準或可降至愛爾蘭人底生活水準；德國農民底生活水準或可降至利活尼亞（Livonia）農民底生活水準。你們可以從蜀頓（Thornton）的「人口過剩論」（Over-Population）裏面了解歷史傳統和社會習慣在這方面所起的重要作用，蜀氏在他這著作中指明英格蘭各農業區域中的平均工資，現在仍然或多或少地依照這些區域從農奴狀況中翻身出來或多或少的有利情形而各有多少差異。

這種歷史的或社會的要素，加入勞動底價值裏面，或是擴張，或是縮小，或是完全消滅。所以以後只剩下物質的限制。當反甲可賓戰爭之際（像那位不可救藥的、吞食民膏尸位素餐的老喬治·洛斯(George Rose)所常說的一樣，這戰爭是爲保持我們神聖宗教底安樂、防止法國瀆神者底侵入而發動的），我們從前一次會議把他說得很好的英國忠厚農民，竟把農業勞動者底工資減低到甚至少於那種淺淺物質上的最小限度，但物質上延續族類所需的不足之數被救貧法（Poor Laws）所補償了。這就是使僱傭工人者變成奴隸，使莎士比亞底驕傲自由民變成貧民的一個光榮的方法。

你們如果比較各國底標準工資或勞動底價值，並且比較一國中各種不同的歷史時期內的標準或工資勞動價值；你們就會發見勞動底價值的自身是一種變化的量，不是一種固定的量；即使假定其他一切商品底價值不生變化，勞動底價值還是變動的。

這種比較可以證明：不僅市場利潤率發生變動，就是其平均率也發生變動。

但是講到利潤一層，卻沒有一種法則決定他們的最低限制。我們不能夠說利潤降低的最終限度是什麼。我們為什麼不能夠規定那種限度呢？因為我們雖能規定工資底最低限度，我們卻不能夠規定工資底最高限度。我們只能夠說，工作日既有限制：利潤底最高限度、和工資物質的最低限度是相適應的；工資既有定數，利潤底最高限度和那種為勞動者體力所能擔負的工作日底延長是相適應的。所以利潤底最高限度是由工資之物質的最低限度和工作日之物質的最長限度所限制的。在這最高限度利潤率底兩個限制之間，可以有許多的變動，這是非常顯明的。規定利潤率實際上的限度，只能取決於資本和勞動間繼續不斷的鬬爭，資本家總是想把工資減少至它的物質的最低限度，把工作日延長至它的物質的最長限度，同時工人則在相反的方向不斷挺進。

這樁事就歸著於戰鬬者兩方面底力量的問題。

二，講到英國工作日底限制一層，和其宅各國一樣，除立法上的干涉以外，工作日底限制是從沒有規定的。如果沒有工人繼續從外面壓迫，這種干涉也永不會實現。但是無論如何，這種結果決不是工人和資本家間私人的妥協所能够獲得的。這種普遍政治行動的必要性，給我們一種證據，就是僅就資本在經濟的行動上說，資本力量要强大些。

講到勞動價值底限制一層，宅的實際上底決定，經常是依供給和需要（就是資本方面對於勞動的需要和工人對於勞動的供給）爲轉移的。在殖民地國家裏面，供給和需要底法則利於工人。所以美國有相對的高工資水準，資本在這裏可以盡其全力而爲之，僱傭工人繼續變爲獨立的自給的農民，勞動市場就繼續空虛，資本也不能加以制止。作僱傭工人，對於美洲大部分的人民僅爲一種試作性質，在或長或短的時期內，他們一定會脫離這種生活的。母邦的英政府，因爲要改正殖民地這種情形，曾有一時期採納所謂近世殖民學說，這種學說主張爲防止僱傭工人變爲獨立的農民過於迅速，對於殖民地的土地造成一種人爲的高價格。

現在我們來考究資本支配全部生產過程的文明古國。就舉英國一八四九年至一八五九年的農業中工資增加爲例。其結果是什麼呢？農業經營者不能够增加小麥底價值，甚至於不能够增加小麥底市場價格（我們的朋友威斯頓想來一定會勸告他們這樣做），反之，他們只有聽任市場價格底下降。但在這十一年之中，他們採用各種的機器，並採用各種更合於科學的方法，把一部分耕地變成牧場，增加農場底面積，因以增加生產的規模，並且用這些方法和別種方法藉增加生產力以減少勞動底需要，使得從事農業的人口又相對地超出需要了。這就是各個古老安定的國家中資本遲早反對工資增加之一般的方法。李嘉圖曾正確地說過，機器是不斷和勞動競爭的，當勞動價格已經達於某種高度，機器才能够被採用，但是應用機器不過是增加勞動生產力的許多方法之一罷了。然而正是這種使普通勞動相對過剩的進步，在另一方面又使熟練勞動簡單化，因此使這種勞動跌價。

同一的法則還有另一種形式。因勞動生產力底發達，雖有相對的高工資率，資本底積蓄也將愈加迅速進行。因此人們可以推測——和亞當．斯密曾經推測的一樣，當亞氏時代，近世產業仍在幼穉時期——，資本積蓄底加速，一定因勞動需要底增加而有利於工人。現代許多著作家從這一觀點出發，對於最近二十年中英國資本底增加遠速於人口底增加而工資却沒有較前更高一事，曾經表示詫異。但是因資本積蓄底增進，在**資本底構成**中同時便發生一種**遞加的變化**。那一部分包含固定資本、機器、原料和各種生產手段的資本總額與其他一部分資本——這一部分資本是充作工資或購買勞動之用的——相比較，就遞加地增多了。這種法則已經由巴頓、李嘉圖、西斯蒙地(Sismondi)、約恩斯教授(Professor R. Jones)、拉姆色(Ramsey)教授、克標利慈(Cherbuliez)和其他學者多少精密地說明了。

如果資本這兩種要素底比例原來是一對一，在產業發展中這種比例就將成爲五對一等等的比數。如果全部資本爲六百，內中三百充工具和原料等等之用，其餘三百充工資之用，那末要造成六百工人——不是三百工人——底需要，只須把這全部資本增加一倍就行了。但是如果總資本六百，內中有五百充機器和原料等等之用，只有一百充工資之用，那末，要造成一種六百工人——不是三百工人——底需要，便必須把資本從六百增至三千六百。所以在產業發展中，勞動底需要不能夠與資本底積蓄並駕齊驅。勞動底需要仍然是會增加的，但是和資本底增加相比較，常成爲遞減的比例。

以上所說幾點，足以表明近世產業底發達，必定遞加地有利於資本家而有害於工人，因此，資本家的生產之一般傾向，不是提高平均的工資水準而是降低平均的工資水準，或是多少要把勞動價値驅向的它最低限度。這是這種制度中諸事的傾向，但這是不是說工人階級應當捨棄他們對於資本掠奪的抵抗並拋開他們利用一切時機使他們生活有一時改良的企圖呢？他們如果這樣做去，就會淪爲一羣不可拯救的窮苦無告的人。我想我已經指明過，他們對於工資水準底鬥爭，是全部工資制度中不可分離的附屬物，他們努力增加工資，一百回中就有九十九回是爲維持已定的勞動價値，他們必須與資本家爭論價格，是他們不得不把自己當作商品出賣的生活狀况中所不能免的事。他們和資本日常鬥爭如果畏縮讓步，他們就一定喪失資格，不配發起更廣大的運動。

同時，把工資制度中所含的普通勞役撇開不論，工人階級也不應自誇這些日常鬥爭，把它作爲最終目的。他們不應忘記，他們是在與結果奮鬥，而不是在與這種結果底原因奮鬥。不應忘記，他們是在防止自己生活的愈趨惡劣，而不是在從事根本改變自己的生活；他們是在治標，而不是在治本。所以他們不應當專致力於這些不可免的不斷從無休止的資本侵掠或市場變動中發生出來的小鬪爭。他們應當懂得，現制度除加於他們以一切苦痛外，同時又造成社會底經濟改造所必需的種種物質條件和社會形態。他們應當在他們的旗幟上寫上『廢除僱傭勞動制度』底革命的口號，去代替『一天公道的工作得一天公道的工資』那種保守的格言！

我因為要對於主要問題略予正當的說明所以解釋不得不長，而且——我恐怕是——令人討厭；現在解釋完了，我將提出以下決議作為結束。

第一，工資率一般的上升要發生一般利潤率底下降之事，但是泛言之，這椿事對於商品底價格不致發生影響。

第二，資本家的生產之一般的傾向不是提高平均的工資水準而是減低平均的工資水準的。

第三，用職工會為抵制資本剝削的中心組織，很有效力。他們的失敗，一部分由於不善運用他們的力量；他們的失敗，一般地由於限於抵抗現制度所產生的效果之小戰爭，而不同時努力去變更這種制度去運用他們有組織的力量作為工人階級最後解放，即是說，最後消除僱傭勞動制度的動力。

＊馬克思是說那些有許多自由土地（Free Land）的殖民地國家因此工人繼續群趨於農業而變成獨立的農民。這種殖民地國家包括美國與澳洲。

——編輯部註